2021年度河南农业大学哲学社会科学类科研创新基金
河南农业大学马克思主义学院 资助

莱纳·弗斯特正义批判理论研究

The Research on Rainer Forst's Critical Theory of Justice

王娟娟 著

河南人民出版社

图书在版编目(CIP)数据

莱纳·弗斯特正义批判理论研究 / 王娟娟著. — 郑州：河南人民出版社, 2023.3
ISBN 978-7-215-13266-5

Ⅰ.①莱… Ⅱ.①王… Ⅲ.①莱纳·弗斯特-政治哲学-哲学思想-研究 Ⅳ.①B516.6

中国版本图书馆 CIP 数据核字(2022)第 258714 号

河南人民出版社 出版发行

(地址：郑州市郑东新区祥盛街 27 号 邮政编码：450016 电话：65788055)
新华书店经销　　　河南新华印刷集团有限公司印刷
开本　710 毫米×1000 毫米　　1/16　　印张　12.25
字数　177 千字
2023 年 3 月第 1 版　　　　　2023 年 3 月第 1 次印刷

定价：39.00 元

序

喜闻王娟娟的博士学位论文《莱纳·弗斯特正义批判理论研究》即将正式出版,这值得庆贺。娟娟嘱我为其写一个序言,我十分高兴,欣然接受。娟娟在随我攻读博士学位期间,学习认真刻苦,善于独立思考,这为其撰写高质量的博士学位论文奠定了良好的基础。后来,娟娟又到美国波士顿学院访学一年,访学经历不仅使她得以收集到更为丰富的资料,也促进了她对博士论文的进一步思考,有助于提升她的博士论文水平。在此基础上,娟娟的博士学位论文以一种值得信任的面貌呈现出来。大致而言,娟娟的博士学位论文具有四个基本特征,即"问题的重要性""探索的前沿性""逻辑的缜密性"和"结论的开放性"。

"问题的重要性"指的是论文所探讨问题的重要性。我们知道,人是社会性的动物,组成社会共同生活是人类生活的基本形式,但是,当人们组成社会共同生活时,便存在一个基本问题,即如何让人们的共同生活在一种合乎正义的秩序中进行。这个基本问题包含了两个方面:其一,秩序问题。公共生活不能是一种没有秩序的生活,否则人们就无法生活,因此,秩序是公共生活最为基本的要求。在人类历史上,任何社会的统治者和思想家都把建立社会秩序作为维持社会或公共生活的基本任务。其二,正义问题。秩序尽管保证了人们共同生活的有序性,使公共生活得以顺利地进行,但是,这种有序的公共生活未必都是正义的公共生活,它也许是不正义的公共生活,也许让一些人在这种公共生活中遭遇到不平等的待遇。因此,若要建构美好的社会或公共生活,秩序是它的必要条件,正义则是它的充分条件。在秩序作为美好的社会或公共生活的必要条件早已伴随着人类而存在(尽管时有短暂的中断)的背景下,正义问题是人类社会之公共生活中最为重要的问题,追求正义是人类在进入社会或公共生活诞生以来一直孜孜以求的最高目标,人们甚至不惜为此献出宝贵的生命。对于正义的追求既表现在理论上也表现在实践上,并且理论往往是实践的先导。在此方面,娟娟的博士学位论文也踏上了从理论上追求正义的道路,使自己的研究融入汹涌澎湃的追求正义的洪流之中,也使自己成为在理论上追求正义的诸多勇敢探索者之一。显然,这种追求和探索十分有益。

"探索的前沿性"指的是论文所探讨的问题具有前沿性。作为追求正义道路上的一员,不能止步于成为其中一员的光环之中,更要提升自己追求和探索的价值和意义。为此,在研究中必须基于追求和探索正义的最为前沿的成果,或阐述,或吸收,或批判,或创新,或将阐述、吸收、批判与创新集于一体。在当代西方社会中,人们在追求和探索社会正义时面临的主要困难在于:在社会已经处于多元化状态并且也不可能通过"压制"的方式来提出和贯彻某种统一(一元)的正义规范的背景下,如何构建一种能够化解统一规范的正义秩序与多元的文化发展之间的紧张关系。在此方面,哈贝马斯、罗尔斯等一批重要的政治哲学家都尝试性地提出了自己的解决办法。哈贝马斯求助于商谈伦理,罗尔斯则求助于重叠共识。其中,莱纳·弗斯特(Rainer Forst)的"正义的证成"的理论值得特别的重视。弗斯特是德国法兰克福学派的哲学大师哈贝马斯的弟子,法兰克福学派第四代的领军人物,也是当代西方社会最为杰出的政治哲学家之一,哈贝马斯将他称之为 21 世纪最具潜力的政治哲学家。弗斯特的理论不仅基于哈贝马斯的理论,也参照了罗尔斯的理论,它是哈贝马斯、罗尔斯、康德等著名哲学家相关理论的综合、平衡和提升,因此,体现了当代西方追求和探索正义理论的最新水平。娟娟的论文以弗斯特的"正义的证成"为研究对象,试图给予弗斯特的"正义的证成"以系统的阐释和细致的分析,并在阐释和分析中给出自己的评价,提出自己的建议。这样一来,她就借弗斯特的"正义的证成"的前沿性让自己的研究也具有了前沿性。特别值得一提的是,在当前的中国关于弗斯特的"正义的证成"的系统研究并不多见,这进一步提升了娟娟的博士学位论文的研究意义。

"逻辑的缜密性"指的是论文在系统地阐述和分析弗斯特"正义的证成"

中所体现出来的缜密的逻辑。论文除"导言""结语"外分为五章,在第一章进行相关背景分析的基础上,其他章节围绕弗斯特认为他自己应该解决的当代正义基础问题所面临的三大挑战,即从一元到多元的理论危机、规范性和现实性的分离、跨国语境下的道德辩证法危机,探讨了弗斯特如何在自己的正义批判理论中把"证成权利"作为核心主线,由"证成权利"出发在当代多元文化的背景下确立"正义的证成"的问题。具体地说,论文仅仅抓住弗斯特的"证成权利"这一核心主线,基于严密的逻辑,通过层层深入的方式先后系统地探讨了弗斯特如何从社会中的道德领域走向公共的政治领域,再进一步走向跨国的国际领域,从而逐步建立起全面的"正义的证成"的理论。首先,论文分析了弗斯特在社会的道德领域如何将"证成权利"确证为道德规范的基础的问题,指出了个人作为有尊严的理性主体,他是可证成的存在,他的证成权利是他作为自主个体的基本道德权利,并且证成权利是主体间的证成权利,它可以在伦理、法律、政治以及道德语境中证成人与社会的关系,它用所有人类相互的和普遍的自主证成表明了它的客观有效性。其次,论文讨论了弗斯特在公共的政治领域如何将"证成权利"建构成正义的规范秩序的基础问题,指出局限于道德层面的"证成权利"容易受支配和强权威胁的脆弱性决定了它必须进入公共的政治领域,在此领域中,"证成权利"可以作为政治话语权利,为政治社会的规范建构提供批判性的证成叙述,并在证成叙述中逐步地走向正义的规范秩序。最后,论文进一步探讨了弗斯特在跨国的国际领域中如何基于"证成权利"走向跨国正义的问题,弗斯特指出"证成权利"在全球化的进程中追求摆脱国家之内和国家之间多重的统治和压迫,从而实现证成的跨国正义。在形成跨国正义的过程中,"证成权利"变成了一种人权观念。这样一来,论文就系统并且合乎逻辑地把弗斯特的正义批判理论清晰地展现了出来,即从"证成权利"这一核心主线出发论证"正义的证成"的可能性,并且为解决世界多元的文化发展与统一的正义规范秩序之间的紧张关系提出理论和实践的依据。

"结论的开放性"指的是不把正义问题看成一个可以一劳永逸解决的问题,而把它看成一个在不断地提出问题和解决问题的过程中走向越来越完善的问题。论文在"结语"中从整体上分析评价了弗斯特的正义批判理论

（正义的证成理论），在指出它的价值和局限的同时，肯定了正义问题探讨的不断进步性以及在不断进步中始终有待更为进步的持续性。因此，论文指出，"任何正义理论都不可能一劳永逸地解决世界上的所有正义问题"，所有的正义理论都必须也只能在不断地反思和批判中得到考量，并在商讨、谈判与证成的过程中得到发展和完善。我们认为，虽然论文的这一种结论十分普通，但是，它却反映了作者在解决一个重大的社会问题时的成熟性。

毫无疑问，该书在一些方面也存在着自己的局限，特别是在一些地方还有待于进一步精雕细琢，尽管如此，瑕不掩瑜，从整体上说，该书确是一部值得一读的政治哲学专著。我期待娟娟在研究之路上越走越好，在追求正义的过程中不断产生丰硕的成果。

强以华

2021 年 12 月于武汉武昌沙湖之畔

目　　录

导言 ··· 1
　一、选题的缘起 ··· 2
　二、弗斯特及其学术经历 ··· 6
　三、正义批判理论的研究现状 ······································· 8
　四、研究意义、方法和框架 ·· 16

第一章　弗斯特正义批判理论的提出 ································ 22
　第一节　提出正义批判理论的背景 ·································· 22
　　　一、社会背景 ··· 23
　　　二、理论来源 ··· 25
　第二节　正义批判理论的关键概念 ·································· 35
　　　一、规范与规范性 ··· 35
　　　二、证成与正当 ··· 36
　　　三、权力与正义 ··· 39
　　　四、证成权利 ··· 41
　第三节　弗斯特正义批判理论的总体分析 ···························· 45
　　　一、弗斯特正义批判理论的核心问题 ··························· 45
　　　二、弗斯特正义批判理论的主要旨趣 ··························· 47
　　　三、弗斯特正义批判理论的建构理路 ··························· 48

第二章　"证成权利"作为规范性基础的道德确证 ····················· 51
　第一节　主体的证成权利 ·· 51
　　　一、人是可证成的存在 ······································· 52

二、人的社会自主性 …………………………………… 56
　　三、尊严与证成权利 …………………………………… 60
　第二节　人与社会的关系："证成权利"的道德确证 ………… 63
　　一、伦理人与伦理证成关系 …………………………… 63
　　二、法律人与法律证成关系 …………………………… 65
　　三、公民与政治证成关系 ……………………………… 66
　　四、道德人与道德证成关系 …………………………… 67
　第三节　"证成权利"作为道德规范性基础的分析 …………… 70
　　一、"证成权利"作为道德规范性基础的必要性 ……… 70
　　二、"证成权利"作为道德规范性基础的可能性 ……… 74
　　三、"证成权利"作为道德规范性基础的客观性 ……… 77

第三章　"证成权利"作为政治话语权力的建构 ……………… 84
　第一节　从"本体权力"出发 ………………………………… 85
　　一、传统哲学中的"权力"观念 ……………………… 85
　　二、弗斯特的"本体权力"概念 ……………………… 89
　第二节　"本体权力"视阈中的权力关系 …………………… 98
　　一、"本体权力"视阈中的权力关系分析 …………… 99
　　二、"本体权力"视阈中对不公正权力的批判 ……… 101
　第三节　政治话语权与正义规范秩序的建构 ………………… 103
　　一、从证成性叙事说起 ………………………………… 104
　　二、从"证成权利"到政治话语权 …………………… 107
　　三、从政治话语权到正义的规范秩序 ………………… 110

第四章　基于"证成权利"的跨国正义与人权观念 ………… 120
　第一节　"证成权利"与跨国正义观念 ……………………… 120
　　一、弗斯特跨国正义观念的形成 ……………………… 121
　　二、跨国正义观念的批判性分析 ……………………… 132
　　三、证成的跨国正义的积极作用 ……………………… 137

第二节　跨国正义中的人权观念 …… 140
　　一、弗斯特人权观念形成的理论背景 …… 141
　　二、文化完整性与人权观念 …… 146
　　三、跨国正义之人权观念的建构 …… 150
第三节　跨国正义之人权观念的积极意义 …… 157
　　一、明确世界公民的道德义务 …… 158
　　二、防止国家之间的多重霸权侵略 …… 158
　　三、争取更公正的社会权利 …… 158

第五章　弗斯特正义批判理论的整体评价 …… 160
第一节　弗斯特正义批判理论的价值 …… 160
　　一、重申正义之基：一元的与多元的 …… 160
　　二、重启证成之路：现实性与规范性 …… 162
　　三、重建跨国正义的规范秩序：道德的与政治的 …… 164
第二节　弗斯特正义批判理论的局限 …… 165
　　一、理性观念局限性的分析 …… 166
　　二、权力关系局限性的分析 …… 168
　　三、对普遍性的诘难与讨论 …… 170

结语 …… 173

主要参考资料 …… 175

后记 …… 185

导　言

社会秩序与社会规范性密切相关。有哪种规范性，就会出现与之相适应的社会秩序。规范性是社会秩序的基本道德要素，而适用于正当社会秩序最重要的规范性概念就是正义。当代世界由于多元化的发展，出现了多种规范性价值范式，从而发展出多元价值的社会正义秩序。传统的正义观念已经无法解决当前世界多元发展的规范诉求，如何化解多元文化的发展与统一规范的正义秩序之间的紧张关系成为政治哲学探讨的核心焦点。面对这一时代问题，作为法兰克福批判理论学派"第四代"的领军人物，莱纳·弗斯特（Rainer Forst）提出了一种全新的正义观念，即"正义的证成"观念（The Justification of Justice）。这种正义观念以"证成权利"（The Right to Justification）为理论基础，批判和分析了多元化发展中存在的不公正现象，重新审视正义的规范基础及其核心问题，重构人与社会的证成关系，并试图进一步找寻统一的跨国正义之规范秩序。在弗斯特看来，作为可证成的存在，人们不仅有能力通过"证成"来为自己的信仰和行为辩护或承担责任，而且把这视为一种义务，并期望别人也会这样做。其实，人们生活在一种相互证成的实践过程中，正义本身就是一种证成的实践活动，并最终指向一个规范性的核心——"证成权利"。本书立足于弗斯特"证成权利"这一核心主线，详细阐述了其在道德领域中作为道德规范基础，在政治领域中作为政治话语权力，以及在跨国正义语境下作为人权观念的建构过程，并试图在个人与社会、社会与国家、国家与国家之间的证成关系中明确弗斯特正义批判理论的核心观点，即"正义的证成"观念何以可能。以此来厘清弗斯特如何协调个人、国家以及世界之间的复杂权利关系，从而为解决世界多元发展与统一的正义规范秩序要求之间的紧张关系提出理论与实践的依据。

一、选题的缘起

传统的正义观念通常以特殊的形式呈现于我们眼前——这是一位蒙着眼睛、一手拿天平、一手拿剑的正义女神。蒙着眼睛象征着公正,天平代表了平等,而剑强调权威性。然而,随着当代世界多元化的发展,我们对这种传统正义形象产生了怀疑:第一,蒙着眼睛不用区分个人,这对个人公平吗?如果在一个完全不同的宗教和政治世界中,正义如何保持这种公平性呢?第二,剑代表着权力,但如果神法和自然法失去了它们的效力,正义的规范性权威是建立在什么之上的呢?第三,天平所代表的分配正义是否真的公平?我们如何解释并区分道德和正义的关系?例如,我们要区分对偶然遭受自然灾害的穷苦人进行的人道主义的道德义务与对遭受剥削、压迫或者霸权统治的穷苦人而进行的正义义务之间的差别。基于以上三点思考,本书提出了传统正义观念所面临的问题:其一,正义的内涵是否因时代、文化和情境而有所不同?其二,正义怎样才能找到统一的规范标准来衡量多元、复杂的正义要求?其三,正义的核心要义到底是什么?

本书认为,若想回答这些问题,就要从时代的角度重新思考正义问题。随着当今世界的多元化发展,世界原有的社会秩序的普遍性逐渐瓦解[1],多元化的社会生活不可避免地陷入了无序的局面。正如德国法兰克福批判理论学派当今学者莱纳·弗斯特所说,当代正义的话题变成对于"社会抗议和斗争的语法"[2]的调查,或者如霍耐特所说的"社会斗争的道德文法"[3],以及如弗雷泽所描述的"社会本身正处于被争夺的状态"[4]。在这种规范危机所产生的冲突、动荡以及变革的关键时刻,传统的正义观念已经无法解决当前世界多元发展的规范性诉求,而如何协调当代多元发展与统一的正义秩序之间的紧张关系成了政治哲学探讨的核心焦点。从某种程度上说,当

---

[1] 强以华:《西方哲学普遍性的沦落》,中国人民大学出版社2018年版,第10—17页。
[2] Forst R. *The Right to Justification: Elements of a Constructivist Theory of Justice*, trans. Jeffrey Flynn, New York: Columbia University Press, 2012:16.
[3] [德]霍耐特,胡继华译:《为承认而斗争》,上海人民出版社2005年版,第25页。
[4] Fraser N. *Scales of Justice*, New York: Columbia University Press, 2009:4.

代世界秩序不仅需要"存在"意义上的哲学基础,而且更为迫切地呼唤"存在"如何为其本身进行证成的辩护,也即是,呼唤关于社会规范秩序"存在"之"正义"的政治伦理学。① 可以说,正义问题不仅是一个政治社会层面上的理论问题,更是一个关乎人存在方式和生活理想的现实问题。因此,当代正义观念就是要重新审视当代社会正义的基础以及核心问题,重构人与社会的正当社会关系。只有这样,那些备受不正义的压抑、境况局促的人们才能有改善生活的希望,正义社会才能获得不断进步之动力。这就是"正义"的魅力所在,也是以"正义"为核心之理论的引人之处。

关于正义话题的讨论不仅在英美哲学中引发女性主义以及多元主义的热烈探讨,而且也在欧陆哲学中激发了众多学者的关注。其中尤为值得关注的是法兰克福学派批判理论对于这个问题的长期探索。从法兰克福学派创立之初,社会批判理论就把哲学与经验实证分析紧密联系起来,这种跨学科的研究目的就是对资本主义社会进行分析与批判,从而为社会的解放与发展奠定坚实的正义理论基础。法兰克福学派的第一代哲学家霍克海默和阿多诺的理论一直执着于对主客二元的对立性批判框架,这样做的结果就是批判理论社会性的丧失,社会权力的合法性与合理性遭到严重的质疑。随后,福柯的理论充分阐明了社会权力对那些处于社会边缘的"他者"的剥削与压迫,于是,批判理论的社会性随着自我与他者的争斗慢慢清晰可见,主观与客观对立转向主体间的对立斗争。但是,福柯的理论对于"他者"的承认仍然停留在自然社会的延伸模式中,因此,福柯的思想仍然具有政治统治色彩。之后,哈贝马斯的交往行为理论则主张主体间的话语沟通与交流,然而,他的社会交往行为理论仍被人们诟病为具有"理想的先验性"特征,其实质仍是主客二元基础上的社会行为理论。总的来说,虽然法兰克福学派批判性十足,但是它的规范性不足的特点是一个历史性的问题。

从时代问题出发,弗斯特继承了哈贝马斯的衣钵,并认为当今多元世界的正义观念不仅是对不公正的批判和谴责,更是重构正义秩序之规范性基

---

① [德]艾纳·佛斯特、克劳斯·君特著,邓安庆、杨丽译:《规范秩序的形成——跨学科研究纲领之理念》,《伦理学术》2017年第1期。

础的契机。于是,弗斯特开始思考这样一个问题:"如何既能够对那些主观权威进行规范,又可以给予受其影响的他者寻求自主性地位呢?"①弗斯特遵从康德的道义论,聚焦人性的理念,并试图从解放的角度来发掘主体间最基本的"证成权利",这是作为平等的主体间获得规范性的必要条件。于是,弗斯特提出了以"证成权利"②为基础的"正义的证成"观念,力图扭转世界正义秩序的混乱局面,重新界定或者澄清当代正义秩序的哲学基础。在此基础上,弗斯特进一步追问在现代多元事实的前提下,什么是政治社会正义的基本条件,以及是什么阻碍了这些条件的发展。弗斯特依据批判理论的传统观念,对世界规范秩序中的多重压迫与剥削的不公正事实进行批判,最终发展了"正义的证成"观念。也就是说,弗斯特从应该是什么、为什么、怎么样三层逻辑线索来发展他的正义批判理论。弗斯特以"证成权利"为基础的"正义的证成"观念所阐述的不仅是一个社会合法性和证成性的规范问题,更是世界各民族共同追求的解放要求。正义秩序的基础应该建立于所有人都无法拒绝的"证成权利"之上。这种基本的权利是主体间权力的实践,是遭受被剥削、被压迫的人们寻求尊严与解放的话语权利,是众多正义之证成理论的通用"语法"。在弗斯特的视角中,正义的目的不再局限于回答社会正义如何成为可能,而是在此基础上试图发展一种主体间相互尊重、相互证成的平等话语权利,在这种话语的"证成权利"中最终实现世界人民的自由与解放。这种"证成权利"既是政治社会批判的规范性的基础,又是世界正义秩序重构的理论核心,这两方面共同组成了弗斯特"正义的证成"理论的关键。可以说,弗斯特的正义批判理论不是批判理论规范性的局部修正,而是继罗尔斯与哈贝马斯之后,对正义观念的重新解释,以及对道义论、分配

---

① Forst R. *Contexts of Justice: Political Philosophy beyond Liberalism and Communitarianism*, trans. John M. M. Farrell, Barkeley: University of California Press, 2002: 34.

② 对于弗斯特的"证成权利"(The Right to Justification),这个短语由两个实词组成,"权利(Right)"和"证成(Justification)",而中间的介词"to"表示所属。本书认为,弗斯特想表达的就是一种证成性的权利观念,故而把它翻译为名词形式("证成权利")更为妥帖。相比较这个翻译,我国学界有些翻译为"辩护权",或者直接混地翻译为"作为辩护的正义"。本书认为这些译法有失偏颇。参考刘曙辉:《论莱纳·弗斯特作为辩护的正义思想》,《哲学研究》2016 第 5 期;杨丽:《辩护性正义论能够成为批判理论的新范式吗?》,《求是学刊》2020 年第 3 期。

正义以及话语伦理的重新评估。概言之，弗斯特以"证成权利"理念为基础的"正义的证成"观念，意欲重建全球统一的正义规范秩序。

从以上的分析来看，莱纳·弗斯特无疑是一位冉冉升起的新星。这不仅是因为他作为继哈贝马斯与霍耐特之后法兰克福学派的重要政治哲学家，更在于他作为罗尔斯与哈贝马斯的学生，作为一座沟通英美哲学和欧陆哲学的桥梁，充分地展现了法兰克福学派的这种"政治伦理转向"①的新发展。故而，作为当代最具潜力的政治哲学家，弗斯特站在英美哲学与欧陆哲学的十字路口，他的理论既要承担重建当代规范秩序的哲学基础的历史重任，又要担负起批判理论所提出的道德挑战。弗斯特坚信二者并不存在绝对的两分，反而可以相互协同发展。弗斯特坚持认为，当代社会批判的重要意义在于，我们应该从批判主体间的不公正社会关系的角度来评估社会发展的现状，以一种"正义的证成"观念重建正义的规范基础。② 只有对正义的规范标准做出清晰的界定和建构后，社会的正义批判理论才能顺利展开。正如哈贝马斯在社会和政治哲学方面对"规范基础（Normative Grundlagen）缺乏明确性"的批评，"如果我们所批评的社会世界意味着它在某种意义上是充满冲突的，不公正的，道德上不可辩驳的，等等，那么这样的主张必须依赖于某种道德基础、原则、理想或价值"。③ 这种批判不仅要求使它的道德阶层变得明确和合理，还要对其规范性的依据做出澄清，以此来确保其规范基础能够客观地反映出其普遍的价值。如果没有这样的解释，我们最终得到的是哈贝马斯称之为"加密规范"（Cryptonormative）④的立场，即依据错误的观念而形成错误的"无定形"概念，这是一种谴责的形式而不是完全意义上的批判，它缺乏对其所预设的规范性的确定性和反思性。可以说，如果没有这样一个自我反思的解释，社会批判永远不能转化为任何肯定的态度。毫

---

① 童世骏:《批判与实践》，生活·读书·新知三联书店2007年版，第17页。
② [德]霍耐特著，王旭译:《自由的权利》，社会科学文献出版社2013年版，第9—24页。
③ Habermas J. *The Philosophical Discourse of Modernity*, Cambridge, MA: MIT Press, 1985.
④ "加密规范"（Cryptonormative）一词是由哈贝马斯专门针对米歇尔·福柯的作品提出的，随后，这个词几乎代表了哈贝马斯对任何不符合规范性挑战的理论所持的批判立场，比如，哈贝马斯也用这个词评判过法兰克福学派的霍克海默和阿多诺的观点。参见 Habermas J. *The Philosophical Discourse of Modernity*, Cambridge, MA: MIT Press, 1985: 42.

无疑问,弗斯特"正义的证成"观念不仅对整个批判理论体系具有重要的意义,而且对我们当代讨论不同视角的正义理论提供了更加深入的理论资源。

二、弗斯特及其学术经历

莱纳·弗斯特(1964—)是德国法兰克福学派第四代政治哲学家的代表人物,也是当代西方社会杰出的政治哲学家之一。作为哈贝马斯的弟子和霍耐特的同事,莱纳·弗斯特曾被其导师哈贝马斯称之为21世纪最具潜力的政治哲学家。2012年,德国科学基金会授予弗斯特德国最高科研奖"莱布尼茨奖"①(Leibniz Prize)。弗斯特目前担任德国法兰克福大学(Johann Wolfgang Goethe University)政治理论和哲学教授,并任法兰克福大学跨学科研究中心的主任,同时他还是"规范秩序形成"研究小组(德国大学卓越计划资助)的组织者。

莱纳·弗斯特曾经在法兰克福、纽约和哈佛大学学习哲学、政治学以及美国研究。1993年,弗斯特随哈贝马斯共同参与莱布尼茨法律理论研究小组,随后成为其常任成员。随后几年,弗斯特在柏林弗里大学奥托苏尔政治学研究所担任助理教授,1996年起在法兰克福的歌德大学哲学系担任助理教授。1995年至1999年,他曾担任纽约新社会研究学院研究生院的客座教授。2004年弗斯特在法兰克福获得了德国研究协会的海森堡奖助金,之后成为法兰克福歌德大学哲学和政治理论的正式教授。自2006年起,他成为巴德霍姆堡新成立的人文科学研究院的董事会成员和永久研究员。从2007年开始他与克劳斯·冈瑟(Klaus Günther)教授共同领导法兰克福歌德大学规范秩序研究中心②。弗斯特于2008年获得哈佛大学客座教授职位。2009年,弗斯特成为新罕布什尔州达特茅斯学院的"哈里斯杰出客座教授"。同

---

① "莱布尼茨奖"(Leibniz Prize)以德国近代著名通才型学者戈特弗里德·威廉·莱布尼茨(Gottfried Wilhelm Leibniz)的名字命名,由德国科学基金会(Deutsche Forschungsgemeinschaft, DFG)在1985年设立,莱布尼茨奖是目前世界上奖金额度最高的科学奖项之一,在德国学界的地位仅次于诺贝尔奖。这一奖项主要是资助杰出研究人员的科研工作,并鼓励他们带领后起之秀参与科研。

② 这个机构是由德国法兰克福大学来自不同学术领域的科学家组成的联盟,它为世界各地的学者探究当今世界的伦理秩序得以重建而提供的一个自由对话和学术切磋的公共空间。同

时,他还被柏林大学邀请为研究员,担任德国正义高级研究中心(Justitia Amplificata)的联合主任。自 2017 年以来,他从柏林和纽约返回法兰克福,并成为德国法兰克福歌德大学柏林勃兰登堡学院(柏林勃兰登堡科学院和科学协会)政治理论研究教授成员。

1994 年,弗斯特在哈贝马斯的指导下完成了政治和社会正义理论研究博士论文 *Kontexte der Gerechtigkeit. Politische Philosophie jenseits von Liberalismus und Kommunitarismus*(《正义的语境:超越自由主义与社群主义》),这本书被哈贝马斯誉为"过去五十年以来最重要的哲学著作之一"[①]。此外,弗斯特的著作包括 *Toleration in Conflict*:*Towards a Critical Theory of Politics*(《冲突中的容忍:过去和现在》);*The Right to Justification*:*Elements of a Constructivist Theory of Justice*(《证成的权利:建构主义正义理论的诸要素》);*Justification and critique*:*Towards a Critical Theory of Politics*(《证成与批判:走向批判的政治理论》);*Normativity and Power*:*Analyzing Social Orders of Justification*(《规范与权力:社会正义秩序分析》)。

从整体来看,弗斯特一直围绕着以"证成权利"为基础的"正义的证成"观念来发展其正义批判理论。从弗斯特的前期著作(1994—2004)来看,"证成权利"作为一种融合普遍主义与情境主义的主要方法,是一种价值与规范的评价标准。而最近十几年间,弗斯特显然摆脱了西方学界主流话语的束缚,并全力发展以"证成权利"为核心的正义批判理论。在这些著作中,弗斯特的正义批判理论涵盖了当代道德和政治哲学中广泛关注的重要问题,包括个人权利与尊严观念、政治社会自主观与权力观念以及跨国正义与人权观念等。弗斯特的目标是通过反思人与人、人与社会以及国家之间的权利关系,揭露西方权力不平等所导致的社会不公正现象,并对政治社会中存在的不公正的社会关系进行了严厉的批判。弗斯特认为,依据其证成原则,主体有权利对给定的虚假理由进行反驳,并有权力创造合理的证成标准。弗斯特以"正义的证成"观念作为一种社会正义规范性的实践出发点,对权力的本质进行了分析和批判,并提出了本体权力、人权和跨国正义等全新

[①] 陈波:《过去 50 年最重要的西方哲学著作》,《哲学门》2003 年第 2 期。

理念。

三、正义批判理论的研究现状

（一）国外研究现状

弗斯特的著作最早在德国以及欧洲大陆产生了较多的关注。最近十余年，由于大部分著作和文章被翻译成英文，弗斯特的正义批判理论开始受到整个西方学界的高度重视，激发了国外学界的研究，涌现出大量的文章和著作。总体来说，国外对弗斯特理论的研究趋于发展与成熟阶段。

国外关于弗斯特正义批判理论研究主要聚焦于以下三方面：

第一，把弗斯特理论的整体思想作为基础的研究。比如，宾夕法尼亚州立大学哲学系埃米·艾伦（Amy Allen）教授在《进步的终结——非殖民化批判理论的规范基础》（The End of Progress: Decolonizing the Normative Foundations of Critical Theory）阐述了弗斯特为了避免历史和语境主义的危险，运用康德建构主义路线根植规范性的重要意义。从中我们可以发现，艾伦对弗斯特所采取的康德建构主义是持积极态度的。艾伦认为弗斯特理论的规范基础不是建立在主体的历史进步观念上，而是建立在对实际理性的"独立"的规范性的描述上，这无疑避免了一直困扰哈贝马斯和霍耐特的现代性的困惑。[1] 相应地，英国肯特大学的阿尔贝娜·阿兹曼诺娃（Albena Azmanova）教授在《关系、结构和系统形式的权力：面对三种统治的"证成权利"》（Relational, Structural and Systemic Forms of Power: "The Right to Justification" Confronting Three Types of Domination）文章中，探讨了社会批判的本质以及理性与权力的关系，并分别介绍了三种权力形式的分类（"关系型""结构型"和"系统型"），以及与它们相关的支配类型，评估了弗斯特正义批判理论框架中每一种权力的性质。阿兹曼诺娃认为，"证成权利"是从结构和关系形式的统治中解放出来的有力工具。[2]

---

[1] Allen A. The End of Progress: Decolonizing the Normative Foundations of Critical Theory, New York: Columbia University Press, 2017: 9-10.

[2] Azmanova A. Relational, Structural and Systemic Forms of Power: "The Right to Justification" Confronting Three Types of Domination, Journal of Political Power, 2018, 11 (1): 68-78.

第二,对于弗斯特正义批判理论中权力与正义观念的探讨。弗斯特的正义批判理论中强调"权力"是正义的核心要义。正如已故的芝加哥大学教授艾利斯·马瑞恩·扬(Iris·Marion·Young)在著作《正义与政治的不同》(*Justice and the Politics of difference*)中论述的,正义不应该只专注于物的平等分配,更重要的是应该从支配和压迫开始。[①] 所以,要理解正义的实质,首先要厘清人与社会的正当性关系,正义的首要任务是权力。因此,正义的实质不是物的数量分配,而是在人们社会、政治生产和生活中的权力的分配。还有,大卫·欧文(David Owen)的《正义、民主和证成权》(*Justice, Democracy and the Right to Justification*)一书中,文章《道德、政治与证成权利》(*Morality, Politics and the Right to Justification*)阐述了在正义理论的规范意义上,越来越多的政治哲学家都赞成政治理论家之间相互排斥的立场是错误的。[②] 一般认为,假设欧陆哲学和英美哲学的理论流派属于对立的阵营,但这种假设的两分法是有误导性的。欧文认为弗斯特的著作《正义的语境:超越自由主义与社群主义》从分析英美主流理论开始,明确指出自由主义与社群主义的争论不应纠缠于"善"与"正义"哪一方面更具有优先性的问题,而是把普遍主义和情境主义相结合,最终区分出主体间的不同情境,并进行递归话语分析。同时美国纽约大学政治系教授马特·马特拉弗斯(Matt Matravers)在《正义的情境》这本书的评论中认同弗斯特对于正义情境的主体间运用,强调其实这是遵循了斯坎伦的契约主义,即道德规范和基于这些规范的判断必须基于"不能被合理拒绝"[③]的理由,弗斯特意欲重构自由主义的正义基础。

第三,对弗斯特跨国正义的讨论。巴黎美国大学的朱利安·卡尔普(Julian Culp)教授在其专著《全球正义及其发展》(*Global Justice and Develop-*

---

① Young I M. *Justice and the Politics of Difference*, Princeton, NJ: Princeton University Press, 1990, ch. 2.
② Owen D. *Morality, Politics and the Right to Justification*, in *Justice, Democracy and the Right to Justification*. *Justice, Democracy and the Right to Justification: Rainer Forst in Dialogue*, London: Bloomsbury Academic, 2014:2-3.
③ Matravers M. *Reviewed Work: Contexts of Justice: Political Philosophy beyond Liberalism and Communitarianism*, Mind, 2004, 113 (451):539-541.

ment)中,详细了阐述了全球正义、国家主义、跨国正义、国际主义在权力问题上的区别和联系。① 卡尔普赞同弗斯特对于跨国正义的界定,他认为要厘清它们的发展脉络需要解决他们之间的关系问题。全球分配问题的根本目的就是建立合理民主秩序所必需的政治和社会经济条件。卡尔普认为弗斯特的这种权力正义的观点挑战了社会发展的所有实质性规范概念,而其正义批判理论为解决全球国际政治与经济的争端提供了合理的证成思路。

尽管对于弗斯特的正义批判理论,多数学者在一些问题上给予弗斯特积极的评价,但是,也有一些学者对弗斯特的相关理论提出了质疑与批评。一方面,在《宽容的力量:与温迪·布朗的辩论》(*Wendy Brown & Rainer Forst—The Power of Tolerance: A Debate*)②这本书中,弗斯特与美国加州大学伯克利分校政治学教授温迪·布朗(Wendy Brown)讨论了宽容在解决冲突时可能产生的影响、容忍的要点以及容忍在当代政治辩论中的作用。弗斯特和布朗在宽容问题的观念上产生了分歧:弗斯特采用了一种更具历史意义的宽容理念,而布朗则对当代辩论中宽容话语的系谱批判感兴趣。

另一方面,在《正义、民主和证成权》(*Justice, Democracy and the Right to Justification*)这本书中,西方政治哲学界的知名教授,埃米·艾伦(Amy Allen)、西蒙·卡尼(Simon Caney)、伊娃·埃尔曼(Eva Erman)、安东尼·雷登(Anthony Laden)、凯文·奥尔森(Kevin Olson)以及安德里亚·桑吉奥瓦尼(Andrea Sangiovanni)都对弗斯特证成理论进行了系统的探讨。他们对弗斯特理论的批判聚焦在某些具体的问题上,例如,对弗斯特证成理论理性建构的局限性、理性与权力的关系以及正义原则的一元论的批判。

其中,伦敦国王学院哲学系桑吉奥瓦尼教授在《苏格兰建构主义与证成的权利》(*Scottish Constructivism and The Right to Justification*)肯定了弗斯特以"正当权利"为基础的"正义的证成"观念,但是他认为弗斯特理性的建构主义是有局限性的,并强调任何关于道德的理由、力量和内容的适当描述,都

---

① Culp J. *Global Justice and Development*, London: Palgrave Macmillan, 2014: 1-20.
② Brown W. & Forst R. *The Power of Tolerance: A Debate*, New York: Columbia University Press, 2014: 123.

必须确保社会情感及其相关的能力和倾向有一个更为中心的位置,其中最重要的是移情。[1]

而艾伦和奥尔森教授批判弗斯特对理性的看法是乐观的,认为现实理性与权力关系之间存在紧张关系,而"证成"常常被用来使支配关系合法化,具有潜在的阶级偏见。[2] 艾伦的评论更加深入,她在文章《证成的力量》(The Power of Justification)中同意弗斯特的观点,即正义的第一个问题是权力问题,然而她的首要目标是对弗斯特的理论提出一种内部批判,重点关注弗斯特的框架是否确实成功实现了把"第一件事放在首位"[3],即用正义的权力观念去伸张正义。正如艾伦所理解的那样,在提出批判理论时,除了区分合法和非法的权力关系之外,区分人类所处的社会、文化和政治世界的特征是非常重要的,它容易受到后殖民主义的批评,而弗斯特所说的"实践理性的普遍概念实际上是一个厚重的、独特的、以欧洲为中心的伪装概念"[4]。艾伦向我们表明,弗斯特的框架并没有阐明权力关系,而是掩盖了理性及其证成空间与权力关系的纠缠方式,那么,艾伦认为她的批评会引发那些不假思索地借鉴弗斯特理论的人重新思考他们的理论前提。

芝加哥伊利诺伊大学哲学系安东尼·雷登(Anthony Laden)教授认为,弗斯特关于证成的叙述,虽然超越了哈贝马斯的基础主义,但在"证成"本身仍然是令人反感的基础主义者。[5] 瑞典斯德哥尔摩大学政治学伊娃·埃尔曼(Eva Erman)教授挑战弗斯特对民主正义共同体的概念。埃尔曼认为,平等的参与权不能单独作为民主合法性的标准,因为它不涉及任何形式的集

---

[1] Sangiovanni A. *Scottish Constructivism and The Right to Justification*, in *Justice, Democracy and the Right to Justification: Rainer Forst in Dialogue*, ed. Rainer Forst, London: Bloomsbury Academic, 2014:47-59.

[2] Olson K. *Complexities of Political Discourse: Class, Power and the Linguistic Turn*, in *Justice, Democracy and the Right to Justification: Rainer Forst in Dialogue*, ed. Rainer Forst, London: Bloomsbury Academic, 2014:102.

[3] Forst R. *Justification and Critique: Towards a Critical Theory of Politics*, trans. Ciaran Cronin, Cambridge: Polity Press, 2013:109-125.

[4] Allen A. *The Power of Justification*, in *Justice, Democracy and the Right to Justification: Rainer Forst in Dialogue*, ed. Rainer Forst. London: Bloomsbury Academic, 2014:55.

[5] Laden A. *The Practice of Equality*, in *Justice, Democracy and the Right to Justification: Rainer Forst in Dialogue*, London: Bloomsbury Academic, 2014:103-126.

体决策。埃尔曼的意思是弗斯特的正义批判理论并不符合回答民主基本条件的要求,更不能有效地提出民主化理论。①

英国华威大学政治理论西蒙·卡尼(Simon Caney)教授在《正义和证成的权利》(*Justice and the Basic Right to Justification*)中也提出了弗斯特理论中的正义范围问题,并对弗斯特提出的"证成权利"一元论的观点提出了质疑。②

比利时鲁汶大学教授政治伦理学教授斯特凡·卢曼斯(Stefan Rummens)认为,弗斯特的权利理论需要更清晰地区分权利的哲学重建和政治建构。这将有助于解释基本权利理性之间的区别:既有基于规范权威地位的普遍的理性,也有基于互惠的理性。卢曼斯质疑弗斯特的主张,即所有基本权利都来自一个单一来源,即"证成权利"。卢曼斯认为,选择"目的自我"的权利是"证成权利"的相对面,这意味着基本权利来源于两个方面,即公共自主和私人自主,它们的关系就像是一个硬币的两面。③

除此之外,还有其他学者对弗斯特的正义批判理论做出了评判,他们认为弗斯特的正义批判理论是乌托邦式的④、缺乏民主性⑤和基础主义者⑥,甚至过于康德式⑦。

总之,本书认为,尽管国外学者的相关研究对于我们来说具有很好的启示作用,但是,多数国外学者的研究只是囿于自身的理论和潜能而未能对弗

---

① Erman E. *The Boundary Problem and the Right to Justification*, in *Justice, Democracy and the Right to Justification: Rainer Forst in Dialogue*, ed. Rainer Forst, London: Bloomsbury Publishing, 2014:128.

② Caney S. *Justice and the Basic Right to Justification*, in *Justice, Democracy and the Right to Justification: Rainer Forst in Dialogue*, ed. Rainer Forst, London: Bloomsbury Academic, 2014: 166.

③ Rummens S. *Two Sides of the Same Coin: Unpacking Rainer Forst's Basic Right to Justification*, Netherlands Journal of Legal Philosophy, 2016, 45(3):40-51.

④ Ypi L. *Two pictures of Nowhere*, Philosophy and Social Criticism, 2015, 41 (3): 219-223.

⑤ Simone Chambers. *Democracy and Critique: Comments on Rainer Forst's Justification and Critique: Towards a Critical Theory of Politics*, Philosophy and Social Criticism, 2015, 41(3): 213-217.

⑥ White S. *Does Critical Theory Need Strong Foundations?* Philosophy and Social Criticism, 2015, 41(3): 207-211.

⑦ Benhabib S. *The Uses and Abuses of Kantian Rigorism: On Rainer Forst's Moral and Political Philosophy*, Political Theory, 2015, 43(6):777-792.

斯特理论进行系统的分析和诠释,因此是十分片面的。

(二)国内研究现状

相比较国外学界的研究成果,国内对弗斯特正义批判理论研究还相对较少,主要的研究分类包括以下几个方面:

第一,关于弗斯特正义批判理论的研究。我国最早涉及弗斯特正义批判理论的文章是北京师范大学曹卫东教授撰写的《法兰克福学派近况研究》。曹卫东教授充分肯定了弗斯特作为法兰克福学派的新一代学者在德国哲学界的影响。文章指出,弗斯特从道德哲学角度,用"证成权利"论证了一种"正义的证成"观念,在这种正义理论中最根本的就是主体的"证成权利"。文章分析了弗斯特"证成权利"及其相关概念的深刻内涵,并从跨民族、跨文化的角度阐述了批判的政治正义论的重要意义。[①] 随后,国内学界相继展开了对弗斯特理论的研究。蒋颖在其文章《正义、权力与辩护——莱纳·弗斯特正义理论核心问题研究》中较为详细地阐述了弗斯特以关系与结构为导向的"正义图像",即正义的首要问题,正义的基础以及正义的结构。蒋颖阐述了弗斯特从批判的分配正义开始,对正义的权力观念、相互性与普遍性的证成原则以及在基本正义基础上实践最大正义的正义构想。[②] 马庆在《西方马克思主义批判理论近期研究动向分析》中分析了最近时期法兰克福学派的批判理论的近况。文章归纳了当代法兰克福正义批判理论的两种发展方向:一是根据女性主义的观念,通过认同与差异的形式剖析当代社会;二是通过情景主义的特殊形式发展出可普遍的正义原则,以此来寻求正义与解放的美好愿景。相比较这两种方向,弗斯特的正义批判理论两者兼有,既有对社会的诊断,又有美好的憧憬。[③] 马庆在另一篇文章《正义的不同情境及其证成——论莱纳·弗斯特的政治哲学》中针对弗斯特的正义的不同情境进行了详细的解读,并对弗斯特关于权力的正义理论的发展历程

---

① 曹卫东:《法兰克福学派研究近况》,《哲学动态》2011年第1期。
② 蒋颖:《正义、权力与辩护——莱纳·弗斯特正义理论核心问题研究》,《哲学动态》2020年第1期。
③ 马庆:《西方马克思主义批判理论近期研究动向分析》,《毛泽东邓小平理论研究》2015年第7期。

进行了梳理。① 另外,刘曙辉在《论莱纳·福斯特作为辩护的正义思想》详细阐述了弗斯特正义批判理论的思想逻辑。文章指出弗斯特认为人是证成的理性存在,因而具有证成的权利。在这种证成的权利的基础上,弗斯特发展了自己作为"正义的证成"理论,并最终扩展到了跨国正义的领域,实现了对正义的批判性建构。②

第二,关于弗斯特正义批判理论的比较研究。朱彦瑾的文章《主体间性与规范的正当性——从哈贝马斯到弗斯特》分析了哈贝马斯与弗斯特对"主体间性"与"规范正当性"这两个理念的关系的不同解读,并对弗斯特的理论做出了积极的评价。文章认为弗斯特的证成理论承接哈贝马斯的商谈理论,将哈贝马斯具有形而上学意蕴的理想语境转换为社会领域的现实情境。③ 靳志强、王四达在文章《弗雷泽与福斯特:正义的哲学基础之争》中对比了弗斯特与弗雷泽两位学者的理论基础,认为两位学者的论著昭示了西方批判理论家致力于社会解放的理论与实践斗争,另一方面,也表明各自囿于自身的理论,未能深层次挑战当代资本主义制度本身。④

第三,关于弗斯特"宽容"理念的研究。对于弗斯特"宽容"概念的研究包括:蒋颖的文章《莱纳·弗斯特规范的宽容理论研究》⑤和张清的文章《理性多元论与宽容》⑥。两篇文章都聚焦于弗斯特的宽容理论,分别从各自的角度阐述了弗斯特"宽容"理论的内涵、原则、核心以及意义。蒋颖与张清两位学者的文章对弗斯特的宽容理论持肯定的态度,她们认为,在当代多元发展的世界语境中,弗斯特把"宽容"这一核心理论融入正义的规范语境中,最终解决了自由主义与社群主义的纷争,从而为多元社会的统一规范秩序提

---

① 马庆:《正义的不同情境及其证成——论莱纳·弗斯特的政治哲学》,《哲学分析》2016 年第 2 期。
② 刘曙辉:《论莱纳·福斯特作为辩护的正义思想》,《哲学研究》2016 年第 5 期。
③ 朱彦瑾:《主体间性与规范的正当性——从哈贝马斯到弗斯特》,《贵州社会科学》2018 年第 12 期。
④ 靳志强、王四达:《弗雷泽与福斯特:正义的哲学基础之争》,《华中科技大学学报(社会科学版)》2013 年第 3 期。
⑤ 蒋颖:《莱纳·弗斯特规范的宽容理论研究》,《学习与探索》2018 年第 8 期。
⑥ 张清:《理性多元论与宽容》,《湖北大学学报(哲学社会科学版)》2010 年第 4 期。

供了新的思考方式。① 冯润、何俊芳的文章《试论西方国家的"宽容"与少数群体权利》聚焦弗斯特的"宽容"理念,并且将这一理念进行了实证的解读,把它融入与少数群体权利的分析中,从而为我们研究跨国正义的人权理论带来更多实践启示。②

与国外的研究状态形成鲜明对比,国内关于弗斯特正义批判理论的研究相对滞后。大多数的研究成果多侧重于对弗斯特理论的译介、分析以及对比等,也就是说,大多数的研究还停留在阐述或者初步探索的阶段,未能对弗斯特正义批判理论的整体脉络进行评价与反思。

(三)选题的提出

从国内外这十几年的研究趋势来看,弗斯特正义批判理论的研究越来越受到国内外研究学者的重视,其研究的成果越来越丰富。这种研究的丰富性体现在两个方面:其一,弗斯特正义批判理论的相关研究所涉及的对象和内容越来越丰富,比如对弗斯特正义批判理论中权力观念以及跨国正义观念的分析;其二,弗斯特正义批判理论研究形式的多样化,包括相关的研究综述、对比分析以及实证研究等。当然,本书认为,国内外的相关研究依然存在一定的不足,需要我们在今后的研究中寻求突破。

一方面,从国内外的研究状况来看,相比较国外的相关研究,国内学者对弗斯特正义批判理论的研究才刚起步,甚至很多国内学者对弗斯特及其正义批判理论尚一无所知。国内现有的相关研究仅仅局限于译介、评论等,尚没有一部著作系统地对弗斯特正义批判理论的整体脉络进行评价与反思。从这个角度来说,本书以弗斯特正义批判理论研究作为选题应属首创。

另一方面,综观国内外的相关研究,学者们大多是将弗斯特的正义批判理论作为现代西方正义理论的一个分支或附属理论来展开研究的,并没有充分凸显出弗斯特正义批判理论的独特思想与历史地位。或者说,缺乏对弗斯特正义批判理论辩证的深度思考。国内外现有的成果仍缺乏对弗斯特

---

① 张清:《理性多元论与宽容》,《湖北大学学报(哲学社会科学版)》2010年第4期。
② 冯润、何俊芳:《试论西方国家的"宽容"与少数群体权利》,《中南民族大学学报(人文社会科学版)》2013年第4期。

相关概念的详细解读,如"权力""人权"以及"正义"。从某种程度上说,学术界对于这些概念的诠释仍是模糊的,甚至概念本身的争论仍在继续,达成共识还需要我们的理论工作者不懈的努力。本书试图从弗斯特正义批判理论的整体视角出发,阐明弗斯特理论的各个核心概念之间的关系,并从深度和广度两方面对其理论核心进行提升并为之拓展。

综上所述,一方面,本书从选题的角度系统和深入地把握了弗斯特正义批判理论的深刻内涵,避免陷入任意剖析与主观臆断的深渊。另一方面,从论证的角度来看,弗斯特的正义批判理论仍有很大的理论研究空间等待我们去探寻。

四、研究意义、方法和框架

(一)研究意义

自柏拉图的《理想国》以来,正义问题一直是政治哲学的核心问题。这是一个古老但依然存在的问题,它不仅要求在哲学理论的论证方法上,还要在规范性内容方面给予重新回答。弗斯特的正义批判理论所阐述的不仅是一个社会合法和证成的规范性问题,更是世界各民族共同追求的解放要求。在弗斯特看来,社会正义的规范性基础要从受规范、制度影响的主体间寻找答案。主体不仅要作为规范的接受者,更要作为政治秩序的创造者,从他们自身文化的证成性叙事中建构正义的规范秩序。弗斯特正义批判理论为当代正义理论发展注入了新的活力,其正义观念所蕴含的理论意义和现实意义更是不言自明的。

从理论意义上来说,自20世纪50年代以来,英美哲学与欧陆哲学掀起了一场备受争议的大讨论,尤为引人关注的是罗尔斯和哈贝马斯的辩论。这次讨论引发了哲学界对于正义的规范基础的讨论热潮。在这场声势浩大的讨论阵营中,就学术名望以及理论贡献方面来说,弗斯特无疑是一位冉冉升起的新星,正如他的导师对这位得意门生的评价:弗斯特是21世纪最具代表性的政治哲学家。本书通过解读弗斯特的著作,梳理和分析弗斯特的"正义的证成"观念,试图考察弗斯特正义批判理论对政治伦理学的影响,以及他给当代正义观念的思考所带来的启发,这对于深刻理解现代正义秩序基础,深化学界对当代多元化的正义观念的认识,揭示其"正义的证成"所蕴含的哲学思考都具有十分重要的意义。因此,通过系统论述弗斯特正义批判理论,本书不仅有益于丰富和扩展弗斯特正义批判理论本身的价值与意义,更重要的是填补了国内学界对于弗斯特正义批判理论研究的空白。

从现实意义上来说,全球化的进程促进了世界多元文化与多元价值观的形成。但这种多元世界的发展导致了新的矛盾、新的问题,例如,文化排斥、价值观冲突等问题。弗斯特正义批判理论契合当前世界多元发展的现实问题,凸显时代的批判精神,反映跨国正义的整体思路,为人们追求尊严与解放的正义观念提供了富有价值的实践依据。面对当前全球的发展趋势,不同地区、种族以及国家之间的冲突与矛盾不再表现为单一的武装对抗形式,而发展成为更为复杂的多重统治与压迫,例如,文化侵略、宗教对抗、新殖民主义、意识形态霸权等新特点。而弗斯特的正义批判理论所阐述的跨国正义以及人权观念的建构恰好能为涉及跨国正义所引发的国际争端提供合理的解决思路。因此,对弗斯特正义批判理论的研究不仅能够为跨国性的政治国际事务提供一个主体间话语权利的理论平台,并且为我们思考个人与社会、社会与国家、国家与国家之间的复杂权利关系,为解决世界多元发展与统一规范秩序要求之间的紧张关系提出理论的指导与实践的依据。

(二) 研究方法

任何理论的研究和创新都离不开科学的研究方法,正确的研究方法是进行理论论证的基石。本书围绕弗斯特正义批判理论这个主题,主要运用了以下几种研究方法:

第一,文献研究法。若要研究弗斯特正义批判理论的精髓,我们必须立足于文本本身。本书主要对弗斯特的四本著作《正义的语境:超越自由主义和社群主义的政治哲学》《辩护与批判:走向批判的政治理论》《证成权利:建构主义正义理论的诸要素》以及《规范性与权力:社会正义秩序分析》进行系统、全面、深入的研读与分析,力求深入探索弗斯特正义批判理论的整体面貌。通过对文本的解读,本书尝试以其"正义的证成"观念中的核心概念——"证成权利"为主线,分析弗斯特正义批判理论的起源和发展轨迹,尤其突出弗斯特正义批判理论在世界规范秩序中所发挥的证成与解放作用。

第二，比较分析法。本书认为，仅仅对弗斯特的正义批判理论的著作及其相关文本进行分析仍无法全面、彻底地把握其正义批判理论的全貌，要达到对弗斯特正义批判理论系统的诠释，不仅要了解其观点的内涵与关系，还要从其批判者或支持者的视角来充分把握理论之间的内在联系，从而更加准确地了解哲学家们之间的理论是如何相互发展与影响的。因此，国内外学术界对弗斯特正义理论及其相关理论的研究是不可忽视。本书通过历时性和共时性两种维度对弗斯特正义批判理论进行考察。从历时性的角度来看，弗斯特的正义批判理论是对康德、罗尔斯以及哈贝马斯的批判、继承与发展。本书试图探寻弗斯特正义批判理论的历史渊源以及发展轨迹等，这体现了弗斯特正义批判理论的敏锐的时代洞察与深厚的理论积淀。同时，从共时性的角度来看，本书阐述了弗斯特与同时代学者在正义等问题上的论辩，通过剖析他们之间理论的纷争与异同，以此来确立和凸显弗斯特"正义的证成"观念在当代政治哲学发展史中的思想地位及理论意义。

其三，批判与反思的方法。所谓批判与反思，就是对研究的问题进行再认识与再思考的过程。换言之，就是把弗斯特的正义批判理论作为研究对象，对其理论的核心与主旨进行深度的剖析，从理论的内涵、理论的建构过程以及理论的发展思路进行一种深层的探索，在这个过程中，用一种批判的方式反思其合理性与局限性。对于弗斯特正义批判理论的合理性方面要"取其精华"，并试图在实践中发挥其作用；而对于其理论的局限性方面，要以一种审慎的态度剖析其形成的原因，并试图发现其理论值得进一步完善的方向。

(三)研究框架

本书分为七个部分：

导言部分主要阐述弗斯特正义批判理论的缘起，弗斯特及其学术经历，国内外关于弗斯特正义批判理论的研究状况，最后分析本书的研究意义、方法及研究框架。

第一章着重阐述弗斯特提出正义批判理论的背景以及关键概念的界定。本章第一节对弗斯特正义批判理论产生的社会背景以及理论来源的相关理论渊源加以梳理和阐述。从社会背景中分析来看,弗斯特认为当代正义的基础面临三大挑战:从一元到多元的理论危机,规范性与现实性的分离,跨国语境下的道德辩证法危机。这三大时代问题既是弗斯特对时代困境的伦理审视,又是其正义批判理论所要着重解决的时代问题。从理论来源分析来看,弗斯特的正义批判理论是对康德、罗尔斯以及哈贝马斯等学者的批判、继承与发展。这表明弗斯特政治伦理思想的发展有着深厚的时代与理论积淀。第二节对弗斯特理论中的关键概念进行细致地界定与解析,以免造成因概念上的模糊不清而引起谬误,并为随后的分析提供理论的支持。第三节对弗斯特正义批判理论的核心内容、主要旨趣以及建构理路做出整体分析。

第二章阐述"证成权利"作为规范性基础的道德确证。主要解决的问题是:弗斯特"正义的证成"观念所依据的哲学基础是什么?"证成权利"如何构成了其规范性道德理论的支撑?以及"证成权利"是如何超越具体的社会语境,并仍然具有普遍的客观性及有效性呢?具体来说,第一节,从主体"证成权利"的确证阐明了其正义观念所依据的哲学基础。弗斯特认为人是可证成的存在,在主体间的合理的证成秩序中,确立其实践的道德自主观,并最终由人性尊严论证了"证成权利"的合理性。第二节,从人与社会的证成结构观念回答了"证成权利"如何构成了其规范性道德理论的支撑。弗斯特认为,在不同的社会规范的情境,主体间的"证成权利"可以在伦理、法律、政治以及道德的语境中证成人与社会的关系,从伦理的自尊、法律的尊严、政治的责任到道德尊重,弗斯特递归地建构起了道德规范的各个语境层次。第三节从三个方面为"证成权利"作为道德规范性基础的普遍客观性及有效性进行辩护,即"证成权利"作为道德规范性基础的必要性、可能性以及客观性。

第三章阐述"证成权利"作为政治话语权的建构。在讨论"证成权利"作为道德的基础之后,我们进一步追问,在现实层面中,"证成权利"是如何在社会的政治制度中建构起作为正义规范秩序基础的。在思考这个问题的时候,弗斯特强调了一个更深刻的问题,即虽然"证成权利"作为社会道德基础具有主体间的客观性,但是其实质仍是一种非常脆弱的权利,它经常受到非道德行动、不公正、支配或暴力的威胁。如果"证成权利"的道德基础这么容易受到政治行动的影响,"证成权利"作为道德人的基本权利还有什么用呢？本章试图通过阐述弗斯特的"本体权力"观念,揭示出"证成权利"可以作为一种政治话语权力,为政治社会的规范建构提供了批判的证成叙述,并在这种政治的话语权建构中最终走向了证成的规范秩序。故而,弗斯特的"证成权利"理念既是规范性的道德基础,更是其正义批判理论的理论起点。本章第一节从传统的权力概念出发,通过对传统权力观念片面性的批判,引入了弗斯特"本体权力"的概念。他认为,任何权力关系的发生取决于受其影响的主体在理性空间中所做出理性的反应,反之如若没有这种反应,权力必将失效。第二节在弗斯特"本体权力"的视阈中全面分析政治社会存在的三种权力关系,即规则、支配和暴力。其中,弗斯特对支配与暴力形式的非正义的实质进行概念化分析。弗斯特认为,权力的实质是作用于他者理性空间中的力量,那么,不公正的权力形式就表现为扰乱、扭曲甚至封闭理性空间,并且将人们排除在证成性决策的过程之外,使人们失去了最基本的自主的证成权利。最终,弗斯特在"本体权力"概念的诠释中确立了以"证成权利"为基础的政治话语权的合理性。第三节详细阐述了证成权利作为政治话语权的建构以及正义规范秩序的建构。"证成权利"作为一种政治话语权力,为政治社会的权力关系建构提供了批判的证成叙述,这种证成叙述创造了一个普遍的证成空间,以"证成权利"为基础的政治话语权能够冲破不公正的封闭空间,最终走向正义的规范秩序。

第四章阐述了弗斯特基于"证成权利"的人权与跨国正义观念。弗斯特认为,"证成权利"在道德与政治层面所建构的社会证成关系需要扩大视野,并在全球化进程所带来的冲突中来探问多大程度上可以通过全球化进程而在国家内与国家间摆脱统治和暴力的权力,产生出新的公正的规范秩序。本章提出了一种跨国正义的人权理念,它为全球化和国家主义提供了新的选择。通过对跨国语境下的不公正与统治的多重权力关系的分析,弗斯特把"证成权利"变成一种人权观念,其目的是达成一种既具有文化中立性又具有文化敏感性的人权概念,这种概念被证明是跨国文化的,不可拒绝的,普遍有效的,并适用于特定情况。第一节主要聚焦弗斯特是如何从国家主义与全球主义的正义观念中发展出他的跨国正义观念的;第二节讨论弗斯特跨国正义之人权观念的形成背景以及跨国正义之人权观念的建构;第三节探讨跨国正义之人权观念的积极意义。

第五章对弗斯特正义批判理论的价值与局限性进行了整体的评价。本书认为,弗斯特的正义批判理论重申了正义之基,重启了证成之路,重建了跨国正义的规范秩序。此外,本书对弗斯特理论局限性讨论的目的并非意图动摇其整个正义批判理论的整体理论根基,而是通过相关学者对弗斯特的批判以及弗斯特的辩护,对弗斯特正义批判理论的局限性进行再思考,以促进其理论的进一步发展。

作为总结,结论部分阐明弗斯特正义批判理论的核心要义,即正义的观念要想获得实现,就必须不断地对其理论本身进行实践反思与批判,并且始终将所有人的话语置于商讨和谈判之中。弗斯特正义批判理论给予所有个人以平等话语的"证成权利",在"正义的证成"中最终实现世界人民的自由与解放。那些遭受剥削与压迫的人们不能没有反抗的声音和说话的权利,他们的要求必须是可被听见的,因为这是正义的真正基础。

第一章　弗斯特正义批判理论的提出

本章着重阐述弗斯特提出正义批判理论的相关背景、关键概念的界定与解析以及总体的分析。本章第一节主要论述弗斯特正义理论产生的社会背景与理论来源。从社会背景中分析,弗斯特认为当代社会面临三大挑战:从一元到多元的理论危机,规范性与现实性的分离,跨国语境下的道德辩证法危机。这三大社会背景既是弗斯特对时代困境的伦理审视,又是弗斯特正义批判理论所要着重解决的时代问题。从理论来源分析,弗斯特的正义批判理论是对康德、罗尔斯以及哈贝马斯等学者的批判、继承与发展。这表明弗斯特政治伦理思想的发展有着深厚的时代与理论积淀。本章第二节对弗斯特正义批判理论中相关的核心概念进行界定与解析,以为随后的分析提供理论支持。最后,第三节对弗斯特正义批判理论的核心内容、主要旨趣以及建构理路做出整体性的评价。

第一节　提出正义批判理论的背景

任何理论的产生都与其自身所处的社会历史和文化背景相关联,弗斯特的正义批判理论也不例外。作为当代的政治哲学家,弗斯特站在英美哲学与欧陆哲学的重要十字路口,他的理论既承担了重建当代规范秩序之哲学基础的重任,又肩负起批判理论对规范基础所提出的道德挑战。因此,想要考察弗斯特以"证成权利"为基础的正义批判理论,就必须厘清两方面的背景基础:一方面,只有明确当今世界的时代困境,我们才能通过其确证的理论来修正和解决当代正义理论的困境与冲突。另一方面,只有阐明弗斯特正义批判理论对传统理论的批判、继承与发展,我们才能确证弗斯特正义批判理论的进步性。因此,从相关的社会背景以及理论来源这两方面入手,我们才能真切理解和把握弗斯特正义批判理论深层的理论脉络与精髓。

一、社会背景

(一)从一元到多元的社会危机

伴随着自由启蒙运动以及民主运动对传统思想的瓦解和摧毁,人们挣脱了形而上学的牢笼,民主与多元取代了普遍、绝对的一元论,得以迅猛发展。伴随这种多元价值的发展,哲学家不断更新各自对正义观念的理解,逐渐形成了多元化的正义观念。例如,约翰·罗尔斯(John Rawls)[1]、奥特弗利德·赫费(Otfried Höffe)[2]以及沃尔夫冈·克尔斯汀(Wolfgang Kersting)[3]主张"自由"的正义观念,罗纳德·德沃金(Ronald Dworkin)[4]与威尔·金里卡(Will Kymlicka)[5]强调"平等"的正义观念;哈里·法兰克福(Harry Frankfurt)[6]、安吉丽卡·克雷布斯(Angelika Krebs)[7]与玛莎·努斯鲍姆(Martha Nussbaum)[8]重视"需求"的正义基础,尤尔根·哈贝马斯(Jürgen Habermas)是"民主"正义的代表[9],阿克塞尔·霍耐特(Axel Honneth)提倡"承认"的正

---

[1] Rawls J. *The Basic Liberties and Their Priority*, in *Tanner Lectures on Human Values*, Salt Lake City: University of Utah Press, 1982: 3-87.
[2] Höffe O. *Democracy in an Age of Globalisation*, trans. Dirk Haubrich and Michael Ludwig, Dordrecht: Springer, 2007: 47-60.
[3] Kersting W. *Kritik der Gleichheit: Über die Grenzen der Gerechtigkeit und der Moral*, Weilerswist: Velbrück, 2002: 2-4.
[4] Dworkin R. *Sovereign Virtue: The Theory and Practice of Equality*, Cambridge, MA: Harvard University Press, 2000: 3-4.
[5] [加]威尔·金里卡著,刘莘译:《当代政治哲学》,上海三联书店2003年版,第8—9页。
[6] Frankfurt H. *The Importance of What We Care About*, New York: Cambridge University Press, 1988: 134-158.
[7] Krebs A. *Die neue Egalitarismuskritik im Überblick*, in *Gleichheit oder Gerechtigkeit: Texte der neuen Egalitarismuskritik*, Frankfurt am Main: Suhrkamp Verlag, 2000: 17-18.
[8] Nussbaum M C. *Frontiers of Justice: Disability, Nationality, Species Membership*, Cambridge, MA: Harvard University Press, 2006: 69-71.
[9] Habermas J. *Between Facts and Norms: Contributions to a Discourse Theory of Law and Democracy*, trans. William Rehg, Cambridge, MA: MIT Press, 1996: 123.

义理念①。这些哲学家基于完全不同的正义基础,提出了不同的正义标准。弗斯特认为,"正义本身仿佛变成了一个巨大的空壳"②,任何人都可以用实质性的价值观来填充它,我们是否必须将社会正义的分析囿于这些片面的形式之中呢?面对这样多元的正义价值基础,如何重新构建正义的规范普遍性基础成了当前哲学界讨论的核心问题,同时也是弗斯特正义批判理论思考的起点。

(二)规范性与现实性的分离

对于规范性与现实性的问题,哈贝马斯的话语理论与霍耐特的承认理论都涉及这个问题。他们指出传统程序主义建构方法论的缺陷,即把正义的规范性建立在纯粹的抽象形式上,这种规范性与现实性的二分导致了道德基础与社会现实结构的分离。弗斯特继承了哈贝马斯与霍耐特的批判观点,并认为这种规范性与现实性的问题还应该继续深挖,因为他们忽略了理想道德规范性与现实虚假性的悖论。正如柏拉图在洞穴的寓言中描述的:那些离开了洞穴并且已经走上了通向承认善的真实现实的人,永远无法回到洞穴来解释他们所看到的,因为没有人能够相信。相反,他们会被留在洞穴里的人杀死。因此,悖论就是鉴于社会生活的现实,政治方面的真实情况在政治上是不可沟通的。这种分裂导致了许多概念上的问题和裂痕。于是,问题变成了,我们到底应该固守洞穴的虚假现实,成为任人宰割的沉默者,还是寻求理想中的乌托邦?弗斯特认为,那些不经批判地接受现有虚假世界的人,也包括那些认为自己正致力于建立一个完美的世界或认为自己知晓如何到达那里的人都没有注意到一个事实,那就是如果我们没有这种批判性的自我反思性的思考,没有重建主体作为一个理性人的自主性,想要弥合规范性与现实性的分裂是不可能的。从这个意义上来说,弗斯特认为,我们既不能固守洞穴,又不需要柏拉图式的神圣理想,但我们确实需要批判性的理论来支持在社会和政治生活中永远不能停止的

---

① Honneth A. *Redistribution as Recognition: A Response to Nancy Fraser. In Redistribution or Recognition? A Political-Philosophical Exchange*, New York: Verso, 2003:175-176.
② Forst R. *The Right to Justification: Elements of a Constructivist Theory of Justice*, New York: Columbia University Press, 2014:189.

一项追求：寻求更好、更公正的证成理由，我们有权利要求这样的理由。因此，"证成权利"作为弗斯特正义观念的道德规范基础，也是其正义批判理论的基础。

(三)跨国语境下的道德辩证法危机

如果说以往的时代造就了单一统治或支配统治，那么在新全球化时代则形成了更为复杂的多重统治：区域组织、跨国组织、主权国家、超国家机构等。在跨国正义的语境下，多重压迫和不公正的社会结构关系更加隐蔽，更不容易被人们发现。[1] 例如，虽然遭受剥削和遭受自然灾害的人们都需要帮助，但对受自然灾害之人的帮助是道德援助行为，而对遭受其剥削和压迫之人进行的援助，其实就是正义的行为。如果我们忽视了这些根本的差别，那么当代全球语境下贫苦的人们需要正义的时候，往往就会以物质资源的慷慨救助的方式来掩盖人们对正义的探讨和不公正的谴责。这种观点只关注了分配物品数量的矫正，却无视造成这种结果的原因，把那些遭受了经济和政治剥削的人看成和受自然灾害的人一样的。分配正义遮蔽了非正义问题背后的政治社会属性，归根结底，他们未能在跨国的多重剥削与压迫的权力范围内意识到被强加在自身的不公正状态。在当代全球语境下，公正与合理的正义规范秩序应该建立在何种基础上成了弗斯特正义批判理论所要深入思考的核心。

二、理论来源

基于"证成权利"理念，弗斯特的正义批判理论的核心就是作为具有理性的人彼此有基本的道德自主权利，要求与给予合理证成的实践能力。这种"证成权利"的形成得益于对康德、罗尔斯以及哈贝马斯的理性观念的继承与批判，其中很多重要的理念都是基于对这三位前辈理论的审视与批判中形成的。这说明，一方面，弗斯特理论并非孤立存在，而是众多理论不断发展的产物；同时也说明弗斯特理论自身所具有的包容性特质。

---

[1] Forst R. *The Right to Justification: Elements of a Constructivist Theory of Justice*, New York: Columbia University Press, 2012:246-247.

(一) 对康德"实践理性"观念的质疑

康德的道德哲学是西方哲学的丰碑,是研究西方哲学绕不过去的桥梁。总的来说,康德道德哲学凸显了理性的至高无上,以自律为合理行为的基础,以人性为合理行为的目的,体现了人的尊严以及对人类的终极关怀,彰显了意志的自由。康德最基本的思想就是对理想的生活、对理性人的肯定,对人的价值和尊严的肯定。康德是理性主权的捍卫者,肯定了理性的至关重要性。理性在康德的道德哲学中意味着主体有自主的能力。事实上,康德把理性看成是一个审视正当性的最高法庭,并认为实践理性不仅是作为主体理性的最高运用,而且还是道德行为可普世化的必要前提。

作为当代规范理性主义者,弗斯特发展了一种康德式的道德哲学,其核心是把人看作是理性主体,是证成的实施者。在弗斯特看来,实践理性其实是一种实践能力。实践理性能够针对实践问题提供适当类型的证成理由,其中"证成"是由被认为是正当理由的实际语境所指定的辩护过程。弗斯特将理性和道德之间定性为一种关系,即道德规范有效性应被理解为建立在所有人类之间相互的和普遍的正当性基础之上。这需要每个人都有权力对任何虚假的证成理由提出反对意见。也就是说,在普遍性与相互性的证成原则下,道德人作为普遍道德共同体的成员可以具有为自己与他人证成的权利和义务。因此,弗斯特的"证成权利"成为实践理性的最高原则,是对政治社会的正义规范性进行反思的关键。

尽管弗斯特认同康德道德哲学的主要观点,但弗斯特仍然在以下三个方面对康德的实践理性观念提出了质疑:

第一,从自我尊严到他者尊严。弗斯特认为,康德把对他人的道德尊严追溯到错误的地方,即康德的尊严观只强调自我的尊严。[1] 弗斯特指出,道德所尊重的不应该是自我的"目的"而是他人的"目的"。换言之,绝对命令是从承认他人的尊严中激发出来的,而不是出于对自己理性能力的认

---

[1] Forst R. *The Right to Justification: Elements of a Constructivist Theory of Justice*, New York: Columbia University Press, 2012:55.

识。虽然弗斯特同意康德的观点,认为道德的终极基础是自主、理性人的尊严,但他认为当人们侵犯他人的尊严时,他们这样做是"以否定和不尊重自己的理性本性为代价的"①。所以,尽管康德强调普遍人性的概念,但却在尊重他者的尊严的过程中迷失了。基于这一点,弗斯特意识到这是哲学上重建康德绝对命令的最好方法,即尊重他者作为"目的"的主体。也就是说,尊重他者并不取决于与自我的关系,而是对应于对他者的一种原始责任,必须同时"理解"和"承认"他者作为与自身同样重要的人。② 在弗斯特看来,这就是尊重他者的人性意义。把这一点延伸到社会公正问题上,弗斯特认为,不公正可以理解为不尊重他者的目的与尊严,这种不公正是将他人视为可以任意支配与奴役的存在。这也是弗斯特正义批判理论的核心论点。

第二,从理性尊严到社会脆弱。康德认为我们都是理性的脆弱生物、有限的生物,我们应该彼此间负有责任。康德把这种与他人的关系视为"实践理性的事实"③。然而,弗斯特认为,在当今政治社会中,主体与社会的关系不仅仅停留于此,在剥削、支配背后所隐含的共同点是弗斯特对政治社会不公正现实的声讨。④ 具体来说,我们都是社会存在者,我们总是在某种程度上依赖于他人。反过来说,这种依赖意味着我们总是潜在地易受这些他人的伤害。基于这种理解,弗斯特认为,我们的相互依赖本应该是良性的、互利的;然而良性的互利如若变成了对社会的脆弱个体的剥削与压迫,结构性的社会依赖就被滥用了。根据弗斯特对结果导向理论的批判,我们在政治社会的正义问题上有必要十分清晰地区分脆弱性到底是不公正的社会关系所造成的结果还是偶然自然事件所造成的结果。根据弗斯特,这就是"坏结

---

① Forst R. *The Right to Justification: Elements of a Constructivist Theory of Justice*, New York: Columbia University Press, 2012:38-39.
② Frumer N. *Two Pictures of Injustice: Rainer Forst and the Aporia of Discursive Deontology*, Constellations, 2018, 25(3):442-443.
③ [德]康德著,邓晓芒译,杨祖陶校:《实践理性批判》,人民出版社2003年版,第41页。
④ Forst R. *The Right to Justification: Elements of a Constructivist Theory of Justice*, New York: Columbia University Press, 2012:5.

果"和"错误过程"之间的区别。① 我们如果忽略了这个区别,这无疑是"正义的实质性讨论"的缺失。② 这是弗斯特关于全球经济体系和贫困问题的伦理观点:对因自然灾害而遭受贫困的道德帮助与对经受剥削与压迫而贫困的人的正义帮助是不能等同的。③ 于是,弗斯特得出了社会不公正的实质:"当社会依赖和社会脆弱性交织在一起时,就会发生不公正。"④

第三,对绝对命令的话语权利修正。弗斯特认为,康德把主体的权利描述为"人为自己立法",并且最终自由权利成了"绝对命令"的道德要求。⑤ 而弗斯特认为康德最大的缺陷就是无法找到一条民主的立法道德来实践这一命题。权利并非是一个人的权利,而是主体间在相互行为中得到的权利的证成。因此,主体的权利理应置于公民的互动关系与民主立法的程序中,而不应该置于理性"绝对命令"的终极权威之下。弗斯特采取基于"证成权利"的政治话语权来纠正康德最初的"先天的"权利基础。在现代社会,道德的形而上学根基已被颠覆,它本身必将要被置于实践理性的天平之上进行重新评估,只有通过"证成权利"的证成原则的检验,道德规范的普遍性才能在实践中得以证成。因此,康德的先验道德概念缺乏社会实践的根基,无法提供主体话语权利的实践合法性基础。

(二)对罗尔斯"公共理性"观念的批判

作为罗尔斯政治哲学的核心理念之一,"公共理性"是在罗尔斯的著作《政治自由主义》中提出的。罗尔斯认为,"公共理性"就是公民的理性,是公

---

① 在弗斯特的这个结论中,他指的"坏结果"就是物质分配结果的不平等;而他所说的"错误过程"指的是社会结构对人的不平等导致了物质分配的不均衡。虽然两者的结果是一样的,但是后一种不公正对受影响的人来说是更加不正义的表现,它揭示了对主体更加隐蔽的剥削与压迫。参考 Forst R. *The Right to Justification*:*Moral and Political*,*Transcendental and Historical. Reply to Seyla Benhabib*,*Jeffrey Flynn and Matthias Fritsch*,Political Theory,2015,43(6):822-837.

② Forst R. *The Right to Justification*:*Elements of a Constructivist Theory of Justice*,New York:Columbia University Press,2012:38-39.

③ Frumer N. *Two Pictures of Injustice*:*Rainer Forst and the Aporia of Discursive Deontology*,Constellations,2018,25(3):432-444.

④ Forst R. *Justification and Critique*:*Towards a Critical Theory of Politics*,trans. Ciaran Cronin,Cambridge:Polity Press,2013:3-4.

⑤ Forst R. *The Justification of Basic Rights. A Discourse-theoretical Approach*,Netherlands Journal of Legal Philosophy,2016,45(3):12.

民身份的理性公共使用,在这种理性的公共使用中最终达到罗尔斯所指的"公共善"。罗尔斯认为,以"公共理性"为基础的"重叠共识"则是确保现代社会民主稳定发展的必要前提。① 罗尔斯的公共理性概念可以理解为证成的理性。因为政治有一种固有的强制力量,所以政治权力受到更为严格的正当性要求的制约。而罗尔斯思想中的公共理性可以理解为一个秩序良好的宪政民主理念。

在公共理性的理论前提下,罗尔斯提出了三种良序规范秩序的证成进路:原初状态、建构主义及反思平衡。这三种进路都与公共理性相关,这也是罗尔斯提出公共理性观念的初衷所在。在实践理性公共使用的层面上,这三种进路达到了内在的一致性。最终,罗尔斯引入了"重叠共识"理念来解决多元民主社会的统一和稳定问题,将其证成的范围限定在政治的视角之内,仅对于"社会基本结构"进行正义规范,而不过多评判整全学说的真实性,以此来规避其中各种价值诉求而引发的冲突。

在公共理性的使用上,罗尔斯区分了三个层次的证成,以此来阐明理论的独立证成与全面的整全学说之间的关系。他称第一种是"基础的证成"(Pro Tanto Justification)。个人的"自主"证成的观念占主导地位,这与政治建构主义的核心是一致的,它是单独的存在,并没有与公民的全面学说内在地联系在一起。② 第二种是"完全证成"(Full Justification)。在这里,每个公民都为自己提供正当理由,这样,正义就成为一个全面学说的一部分,例如宗教教义。但是这却可能导致冲突,因为它涉及相互协调伦理和政治价值观。③ 第二种是人是持有不同综合学说公民的"公共证成"(Public Justification)。在这个层面上,只要证成是"合理的",就不会将其综合学说的"表达内容"置于其公共讨论之中。罗尔斯认为,这符合公众对理性的政治利用的理想,以及在道德政治基础上整合伦理差异的社会的"重叠共识"的理想。它带来了"正当理由的稳定性"④和政治合法化的可能性。

---

① Rawls J. *Political liberalism*, London: Columbia University Press, 1993:133-134.
② Rawls J. *Political liberalism*, London: Columbia University Press, 1993:386.
③ Rawls J. *Political liberalism*, London: Columbia University Press, 1993:386-387.
④ Rawls J. *Political liberalism*, London: Columbia University Press, 1993:390.

虽然弗斯特在一定程度上对罗尔斯的公共理性的证成路径表示赞同，但弗斯特仍对罗尔斯进行了批判：

第一，罗尔斯的政治重叠共识存在道德实践的缺失。弗斯特认为罗尔斯理论的重大缺陷就在于聚焦于纯粹的正义原则，从而其正义理论远离了社会的政治现实。弗斯特认为，尽管正义理论的初衷就是要厘定政治社会的合法性的规范准则，但是当正义的相关原则以脱离政治社会现实的形式确定下来的时候，就存在弗斯特所强调的规范性与现实性的鸿沟。但是，如果这个鸿沟需要用认识论层面上的公共理性或者说"反思平衡"的方式来填平，那么这样的思考方式本身就是有问题的。归根结底，罗尔斯所预设的"公共理性"或者"反思平衡"都是在人们的理想状态下产生的。那么，在这些理论的基础之上，罗尔斯所阐述的正义的证成理论难免会出现循环论证的危险。弗斯特明确表示，虽然罗尔斯赋予人们以"理性"与"合理性"的道德能力，但是这种理性的建构是脱离了现实政治社会的反思推理过程，并不能充分阐明主体实现自由与解放的社会自主观念。因此，从这个角度出发，弗斯特就是想追问，这种纯粹的道德基础是如何应用于现实的政治社会中的呢？正义的规范基础不能局限于抽象的正义原则的推理，它必须在政治社会实践中得到彼此相互的证成。

第二，对重叠共识的反驳。弗斯特与哈贝马斯都曾对罗尔斯的"重叠共识"进行了批判，尤其是哈贝马斯认为，"如果理性的公民无法从一种道德的视角来思考，那么我们无法想象他们的重叠共识是如何达成的，因为这个道德的视角是他们形成世界观的先决基础，道德的基础必须先于这些世界观而存在"[①]。但罗尔斯为了避免为正义的概念提出真理主张，他认为"合理"的政治主张就足够了，因此他冒着使该理论依赖于全面学说的偶然一致性的风险，他将真理的概念交给了全面的道德学说，让它成为"开明宽容"的对象。弗斯特认为，罗尔斯理论缺少的是公民之间对正义的共同看法和真正的道德共识。因此，重叠的共识不符合公共理性的话语理由和信念。正义

---

① [德]哈贝马斯著，曹卫东译：《包容他者》，上海人民出版社2018年版，第92页。

不能由某一特定点上重叠的共识来维持,相反,它必须能够诉诸独立于宗教和形而上学的道德有效性。公共证成必须建立在一般不可拒绝、道德有效的证成原则的基础上,因为如果没有这种自主的道德观,人们就没有足够的自主性,无法在必要时在正义的基础上审查伦理的综合价值观。他们也不会拥有真正共同的正义语言。

第三,对政治建构主义的诘难。罗尔斯的"重叠共识"理念没有考虑人们在政治利益和经济利益上面的冲突,这也使得重叠共识的实现面临着困难,关于这一点罗尔斯也意识到了。罗尔斯说:"如果这种自由观念是根据那些受到各种有着深刻冲突的政治利益和经济利益的支持而建构起来的,且如果找不到任何方式来设计立宪政体,以克服这些政治利益和经济利益的冲突,则一种充分的重叠共识似乎就无法达成。"①罗尔斯由此产生的正义原则要么是一份人权的道德清单,要么是一个合理的社会基本结构的政治建构主义。弗斯特对道德建构主义和政治建构主义的理解不同于罗尔斯,弗斯特认为道德建构主义是政治建构主义的一部分,而不是政治建构主义的理论替代品。② 政治建构主义虽然有别于道德建构主义,但与道德建构主义有着本质上的联系。如果自由和平等的公民要相互证明一个法律制度化的基本结构,那么主体间的证成原则必须置于道德与政治的跨国语境建构中。弗斯特认为,政治社会的道德规范既是程序的又是实质的,即道德规范必须以全人类的道德共同体为基础,并在政治实践中得到证成。

(二)对哈贝马斯"交往理性"观念的补充

哈贝马斯通过社会学中的"合理性"概念论述了他的社会交往理论,并提出了立足于主体间的沟通与交往理性,试图用交往的合理性重建批判理论的规范基础。随后,哈贝马斯在《道德意识与交往行为》《话语伦理学解说》《事实与价值》等专著中,将交往行为理论进一步发展为商谈伦理理论。从而开启了其批判理论的政治伦理转向。哈贝马斯"交往理性"观念的发展

---

① Rawls J. *Political Liberalism: Reply to Habermas*, Journal of Philosophy, 1995, 92 (3): 132-180.
② Forst R. *The Right to Justification: Elements of a Constructivist Theory of Justice*, New York: Columbia University Press, 2012, 262.

体现的是其康德共和主义的思想,他认为"主体间不能以牺牲任何人的自由为代价获得自由"①。在公共的语境中,人们能够自主运用合理的规范语言,在主体间的相互沟通和交流中达到相互理解和共识。这种交流是在平等与自由的公共场合进行的,没有任何进一步的强权威胁。哈贝马斯所强调的"共识"是"基于真实、真诚以及证成的有效性主张,并且在主体间的相互理解以及信任中达到的共识"②。

这种"交往理性"的重点聚焦主体间的理解与沟通、合作与协商以及交流与宽容,因此,这种"交往理性"包含着个性与差异、特殊性与普遍性等,体现了世界的多元发展,在这种公共的语境下,任何主体间都可以在交流中达成一致共识,从而确立了以"交往理性"为基础的话语伦理理论。

哈贝马斯话语伦理学包括以下几点特征:一是他的后形而上学旨在后天经验的实践基础上,发展成为一种仅依赖于程序性理性概念的话语形式;二是遵循阿佩尔提出的超验语用学论证,将语言哲学引入伦理学;三是哈贝马斯提出了一种话语伦理模式,在这种模式中,作为单数的"我"转变成了"我们",从自我走向主体间的交往。因此,哈贝马斯的理论实现了三重转变:第一为后形而上学之转变,第二为伦理话语之转向,第三为交往行为之转变。

哈贝马斯所定义的"道德原则"(U)和"话语原则"(D)可以被认为是话语伦理学的基础:道德原则(U)指出,一个规范是有效的就意味着这个规范结果对任何人来说都可以共同接受。③"话语原则"(D)规定,道德原则必须在实际的话语中得到确认,而那些受到规范影响的原则必须能够在特定的话语领域中进行探讨,以保证有效的结果。这也是哈贝马斯与罗尔斯不同的地方,他清楚地表明,任何虚构的场景都不能取代与话语中实际受影响的

---

① [德]哈贝马斯著,曹卫东译:《包容他者》,上海人民出版社2018年版,第121—127页。
② Habermas J. *Moral Consciousness and Communicative Action*, in *Studies in Contemporary German Social Thought*, Cambridge, MA: MIT Press, 1992:118.
③ Habermas J. *Moral Consciousness and Communicative Action*, trans. Christian Lenhardt and Shierry Weber Nicholsen, Cambridge: Polity Press, 1990:120.

参与者的交流。① 第二个原则提供了一个规范性的实践标准,用于在相互竞争的规范中选择那些合理证成的规范。由此我们可以发现,弗斯特的证成原则就是依据哈贝马斯这两个原则产生的。

总体而言,弗斯特的理论是从哈贝马斯的商谈伦理发展而来的,但是弗斯特仍然在以下三个方面对哈贝马斯的商谈理论进行补足:

第一,弗斯特试图弥补哈贝马斯商谈理论中参与话语的"弱"动力与规范的"强大"义务动力之间存在差距。② 弗斯特试图解决哈贝马斯的理论难以回答的问题:为什么要进行对话?弗斯特认为"证成权利"所遵循的证成原则创造了"话语合理的规范"③。如果按照哈贝马斯所说,主体间的义务在话语中产生并且通过话语产生,那么就不存在规范性义务。弗斯特写到:"实践理性不再是道德规范或义务的来源,因为交际理性只暗示了达成话语合理规范所需的理性原则和标准。这产生了道德规范原则的强约束力与交际理性的弱约束力之间的空白。"④为了提供解决方案,弗斯特转向了实践理性的经典概念,通过回到康德的绝对命令来解决这个问题,在话语开始之前必须明确自己的道德责任。在弗斯特看来,如果没有先前的道德责任来进行适当的辩解性话语思考,哈贝马斯的话语伦理版本将等同于康德主义而没有绝对的命令。⑤

第二,避免哈贝马斯理论中对现代性问题的依赖。哈贝马斯对于规范性的思考是由他对康德—黑格尔争论的发展决定的。一方面,哈贝马斯遵循黑格尔,主体必须在社会实践和历史实践中找寻规范性问题。另一方面,当涉及规范性叙述的认识论要求时,哈贝马斯的回答总是倾向于康

---

① [德]哈贝马斯著,童世骏译:《在事实与规范之间——关于法律和民主法治国的商谈理论》,生活·读书·新知三联书店2011年版,第132—134页。

② Forst R. *The Right to Justification: Elements of a Constructivist Theory of Justice*, New York: Columbia University Press, 2012:57.

③ Forst R. *The Right to Justification: Moral and Political, Transcendental and Historical*, Political Theory, 2015,43(6):822-837.

④ Forst R. *The Right to Justification: Moral and Political, Transcendental and Historical*, Political Theory, 2015, 43(6):823.

⑤ Forst R. *The Right to Justification: Moral and Political, Transcendental and Historical*, Political Theory, 2015, 43(6):823.

德。这一悬而未决的张力解释了哈贝马斯对其规范性理论的分析存在含混不清之处,也就是说,哈贝马斯对伦理(Sittlichkeit)和道德(Moralita)未能做出清晰的区分,这也解释了他所谓"康德实用主义"的曲折性。其实,这两者都表明了不同类型规范行为的有效性方式。前一种源于哈贝马斯在个人、社会和历史层面上对规范性的更为实质性的阐述,并确认道德是一个更复杂更完整的道德意识和社会进化阶段;后一种则来自哈贝马斯对康德规范方法的语言解释,并在哈贝马斯的话语伦理学理论中得到充分发展。然而弗斯特坚定地站到了康德阵营里,认为"证成权利"是一个"实践理性的基本概念,这是道德和政治自主的实践"①。他认为,唯一能使人性主张与历史要求相协调的方法就是社会实践中"证成权利"的确证过程,就是说,不同于哈贝马斯纠结于社会规范的现代性的历史发展过程,弗斯特认为"证成权利"是一项关于主体间的自主性的道德成就。

第三,试图打破哈贝马斯法律规范的局限性。哈贝马斯认为,规范性是由"法律形式"表现出来的。主观自由的"内在价值"可以直接进入正当理由,包括自主选择自由的空间。因此,哈贝马斯关于基本权利和人民主权的共同独创性的论述只依赖于话语原则和现代法律形式。② 弗斯特的正义批判理论比哈贝马斯的理论更合理地解释了为什么自主的公民不能有充分的理由拒绝彼此的权利和自由,这些权利和自由包括一个全面的自由权利(包括伦理、法律、政治以及道德方面的综合体),以保障政治参与权和社会进入权。弗斯特提醒我们注意一个重要的区别,即关于基本权利和人民主权的"同源性"或"均等性"的概念。弗斯特认为,证成性原则以及"证成权利"是基本人权和民主自主程序正当性的唯一来源。这就把各种语境的"证成权利"统一起来,并且解释了它们的共同源头,从而论证了一种更为统一的规范性观点。弗斯特认为,伦理、法律、政治以及道德的语境之间需要分清彼

---

① Forst R. The Justification of Human Rights and the Basic Right to Justification: A Reflexive Approach, Ethics, 2010, 120(4): 711-740.
② Forst R. The Right to Justification: Elements of a Constructivist Theory of Justice, New York: Columbia University Press, 2012: 109-116.

此的界限,但是它们之间并不是不可逾越的,而是在"证成权利"的证成原则中达成统一。

总的来说,康德的"实践理性"所遵循的道德法则和自主概念最终取决于"理性事实"。基于"公共理性",罗尔斯用"反思平衡"代替了康德的观点,成为一种证成的方法。而哈贝马斯拒绝了终极基础的可能性,并试图通过将话语伦理学的基本原则根植于语用预设的重建中,从而避免了罗尔斯面临的相对论解释。因此,弗斯特的"证成权利"理念是对以上三位哲学家所阐发的理性证成方式的"扬弃"。通过对三位哲学家理论的继承与批判,弗斯特为自己的正义批判理论铺垫了坚实的证成理路。

第二节　正义批判理论的关键概念

一、规范与规范性

一般来说,"规范"(Norms)是指行为所遵循的某一规则与标准,它一般在应该(ought to be)的层面上对行动者提出约束性的要求,使行为者履行相应的义务。"规范性"(Normativity)(德语 Normaviät)是主体对规则遵守的状态,但主体对于这个规则并不是被动地遵守,而是一种自我理性约束的现象,或者说,"主体的自主(autonimie)挣脱了强迫(nötigung)的束缚"[①]。

弗斯特提醒我们,在明确规范以及规范性内涵的时候,务必区分两者在实际运用的差别,即事实层面上作为政治制度的"规范"以及规范层面上作为道德的"规范性"。前者聚焦现实政治社会制度的描述性分析,而后者则重点关注其道德的规范性实质。简言之,"规范"关注描述的事实性,而"规范性"聚焦道德的有效性。[②] 从两者侧重的角度来看,前者指涉一种约束力和权威性,而后者涉及证成的理由与辩护。弗斯特的理论认为,两者的区分

[①] [德]艾纳·佛斯特、克劳斯·君特著,邓安庆、杨丽译:《规范秩序的形成——跨学科研究纲领之理念》,《伦理学术》2017 年第 1 期。

[②] Forst R. *Justification and Critique: Towards a Critical Theory of Politics*, trans. Ciaran Cronin, Malden: Polity Press, 2013: 6.

就代表了"权力"与"规范性"的张力。前者的特征是缺乏辩护的,而后者则为我们的思想和行为辩护。弗斯特认为,如果社会权力要发挥作用,规范的力量也要发展其权力,主体的权利要深入社会生活的思想和行动中。[①] 于是,在这种区分中,弗斯特发展了他的"规范性"的批判理论[②],这也是他的规范性重构的核心。规范性应当从现实的情境中建构具有普遍证成的规范性原则。

就批判的实践来看,规范性的批判理论不能用理论自身来建构,应该在社会的复杂生活中,由主体自身去找寻。或者说,规范性并不直接具有普遍性,因为相比较于自然规律的无意识的发生状态,规范性是有意识、可操作的,它可以协调人们的行动。也正因为如此,规范性的普遍化需要人们的理性去把握、认同与接受。这种规范性的可普遍化尺度是通过主体间的证成原则来加以界定。值得注意的是,弗斯特强调,这种规范性是一种区别于支配或者暴力的力量,因为这种力量是主体通过自主性突破了支配或者暴力的强迫,是一种直接作用于人理性的正义力量。然而,作为主观理性的规范性,它的约束力来自哪里呢?弗斯特认为这种约束力来自"证成权利",是所有人都无法拒绝的基本道德权利。[③]

二、证成与正当

"证成"(Justification)是一个在人文社科中经常使用的词汇。对于"Justification"这个词的翻译,学术界始终未能达成共识,本书能找到的翻译有

---

① Forst R. *Normativity and Power: Analyzing Social Orders of Justification*, New York: Oxford University Press, 2017: 25.
② 本书认为,弗斯特对"批判"的界定遵循康德的传统。如果说康德之前的"批判"一词指的是恢复文本以确立其真实性的哲学任务,那么康德将其重新定义为构建知识的复杂的自我反思的认识论的过程。因此,知识必须成为一个自我构成的过程。在弗斯特的意义上,批判性在正义的领域中是用理性破除不公正的社会异化现象,并且是重构正义社会规范性的理论过程。参考 Allen A. & Mendieta E. *Justification and Emancipation: The Critical Theory of Rainer Forst*, State College, PA: Pennsylvania State University Press, 2019: 6.
③ Forst R. *The Right to Justification: Elements of a Constructivist Theory of Justice*, New York: Columbia University Press, 2012: 49.

"辩护"①"确证"②及"证成"③。然而,本书认为,"Justification"译成"证成"更为合适。相比较"辩护"其正当性的存有,"证成"更强调正当理由的确立;同时,相比较"确证"所暗含的结果特征,在弗斯特的理论中,"证成"并非强调正义的确证的结果,而是更倾向于主体间提供正当理由的过程以及思想行为的活动过程。因此,"证成"(Justification)一词应具有两层含义:一方面是社会基本结构的合法性的确证过程;另一方面,是人们为之辩护的正当理由的确证过程。前者表示统治权威如何确证其合法性问题的过程,而后者是人们接受其正当性统治的"辩护"(Defense)理由的过程。因此,"证成"(Justification)是确证人与社会基本结构的相互关系的过程。从这个角度来看,证成的真正的决定权应属于受社会结构关系影响的主体,他们是确证社会正当性与合法性的核心力量。

从概念分析来看,在西方政治哲学中,"证成"(Justification)并不是一个孤立的词汇,它必将和"正当"(Legitimacy)相区别。"正当"应该被理解成回溯性的,它追述的是政治权力的合法性的来源,是从发生的角度去追寻政治权力的谱系;而"证成"具有"前瞻"性,聚焦政治权力的有效性,从效用的角度评价政治权力。④ 康德、罗尔斯与哈贝马斯都用"证成"替换了"正当",或者"正当"已被融入了"证成"之中。⑤ 西蒙斯认为,这一转变所指的是传统

---

① 西蒙斯(A. John Simmons)明确表示,之所以把"Justification"解释为"辩护",是因为"Justification"往往相对于一个假定的反对语境而言,因此在很大程度上,"Justification"有一个辩护的意味。参见 Simmons A. J. *Justification and legitimacy*, Ethics, 1999, 109 (4): 739-771.
② 丛占修把"Justification"翻译成"正当性证明"(确证)。在论述中,他认为 Justification 这个词不仅要通过辩护,更重要的在于道德和正义原则自身的本质以及客观性。所以,问题不是要不要,而是要什么样的道德或政治原则的问题,因此他翻译成正当性证明(确证)。参考丛占修:《确证正义:罗尔斯政治哲学方法与基础研究》,人民出版社 2011 年版,第 1 页。这一点,也可以参考韩水法:《什么是政治哲学》,《中共中央党校学报》2009 年第 1 期。
③ 周濂认为"Justification"可以有多种表达,例如"理据""论证""合理性",结合其动词形式"justify"的翻译为"证成",或者"证立",或者"为……辩护",等等,为了统一性,周濂认为"证成性"或者"证成"更为合适。参考周濂:《现代政治的正当性基础》,生活·读书·新知三联书店 2008 年版,第 25—26 页。
④ 周濂:《现代政治的正当性基础》,生活·读书·新知三联书店 2008 年版,第 171—172 页。
⑤ Habermas J. *Recognition Through the Public Use of Reason: Remarks on John Rawls's Political Liberalism*, Journal of Philosophy, 1995, 92(3): 109-131.

自由主义政治哲学中两个独立概念的融合。①

弗斯特认为,"证成"与"正当"的界定与区分是必要的,这为其"正义的证成"观念奠定了基础。弗斯特认为,"正义"主要是政治社会秩序中最重要的规范性概念之一,它指的是具体的政治社会秩序的规范特征,涉及的是国家与主体间的普遍有效性的规范关系,所以从这个角度来说,"正义"应该属于"证成"的范畴而不是"正当"。因此,弗斯特强调,正义的本身就是一种证成的社会实践。同时,正义的根本要求就是主体间在正当的社会结构关系中建构证成的秩序,所谓"正义的证成"就是主体间证明原则、规范或价值的合法性,它是主体间的实践形式,本质上是"自反"②的。与此同时,罗尔斯强调,正义的本质问题并非仅仅提出正义理论这么简单,我们还需要解释这种正义理论具有证成的理由,以及确立在此理论基础上的社会规范目标。与此同时,一些学者诟病稳定性问题的提出必将出现"假然认可"的重大缺陷。正如哈贝马斯认为:"他们不应该等同于那些在理论上预设的理性公民,他们是活生生的人。"③他认为无知之幕被揭开后,人们仍然会被真实、非理想化的社会所支配。而罗尔斯反驳道,一个政治社会所遵循的正义原则之所以被认为具有正当性,并非是因为它得到了认可才是理性的,而正是因为它是理性的才有可能获得(假然)认可。那么,假然认可和实际认可的差异就出现在"正当"所指的到底是理性的选择,还是实际的认可,是"合理的可接受性",还是"实际的被接受性"?哈贝马斯曾经明确指出,罗尔斯必须要更严格地区分证成问题(Questions of Justification)与接受问题(Questions of Acceptance),以及"被证成的可接受性"(Justified Acceptability)与"实际的接

---

① Simmons A J. *Justification and Legitimacy*, Ethics, 1999, 109(4): 739-771.
② 弗斯特称这个过程为"证成权利"的"自反"性。这种自反性意味着证成性本身的概念在其规范性和实际意义上被重建。"自反"的方法以规范的方式将正当理由的概念解释为实践理性的基本概念,并将道德和政治自主的实践解释为一种实践,这种实践意味着道德上的"证成权利"理念可以在政治话语权方面产生实际的证成效用。
③ 哈贝马斯也强调这种假然认可,终将面临实际接受的质疑。哈贝马斯同样强调"被证成的可接受性"(如下文罗尔斯所提倡的相似),不过他认为,这必须是由现实中的平等公民经过自由、理性的公共商谈才能达成的。

受"(Actual Acceptance)。① 我国学者周濂也认为:"哈贝马斯并不是在洛克主义的立场上对罗尔斯进行批评,作为新康德主义者,哈贝马斯同样也没有在'正当'和'证成'之间做出严格区分,因此在罗尔斯看来,哈贝马斯的这段表述重点在于强调假然认可只能解决证成问题,但无法解决接受问题,所以由'虚构的人民代表'在原初状态中通过假然认可所达成的'被证成的可接受性'是不稳定的,只有公民经过自由、理性的公共商谈达成的'实际的接受'才具有稳定性。"②

如果我们一般认为"证成"是指寻求为主张、原则、结论和行动正当性证明的过程,那么所有政治哲学只要涉及争论、理由与正当性的证明,就都需要"证成"。根据弗斯特的说法,"证成"本质上是一个道德范畴,是一种道德上的言语行为,需要在普遍性和相互性的证成原则中得到他人的承认。这种"证成"敦促我们在多元化条件下,如何面对强制法和公共机构的正当性呢?证成性应该建立在什么样的权力条件下呢?鉴于此,我们需要对权力与正义的关系问题做进一步的阐明。

三、权力与正义

弗斯特用"两幅正义的图像"阐发了他对社会正义的理解。弗斯特的这两幅正义的图像是受维特根斯坦的启发,因为维特根斯坦强调,我们经常会被传统正义图像"俘虏",我们无法摆脱它,因为它就存在我们的语言中。③这是对古代"各得其所"原则(Suum Cuique)的一种特殊解释,这种正义观念聚焦物的分配问题,强调个体在物的数量需求。虽然弗斯特认为这种分配正义是值得我们考虑的,但是,弗斯特提醒我们,这种分配方式切断了正义的基本维度,我们应该在社会正义中对"权力"进行重新思考。弗斯特认为,正义并非考虑分配某些物的数量多与少,相反,正义首先要考虑的

---

① Habermas J. *Recognition through the Public Use of Reason: Remarks on John Rawls's Political Liberalism*, Journal of Philosophy, 1995, 92(3): 109-131.
② 周濂:《现代政治的正当性基础》,生活·读书·新知三联书店2008年版,第171—172页。
③ Wittgenstein L. *Philosophical Investigations*, trans. G. E. M. Anscombe, Oxford: Blackwell, 1978:48.

是每一次分配都必须以主体间权力的证成方式进行。他说:"我们考量制度安排是否是公正的还是公平的,这取决于所有受影响的人是否都以正当的方式参与并有足够的权力去影响结果。"①

在弗斯特看来,这种以物品数量分配为导向的正义图像忽视了四个正义问题:首先,这种分配图像忽略了待分配的物如何"进入世界"的问题,即如何公正地组织生产的问题。第二,这种分配正义忽略了正义的政治问题,即谁决定生产和分配结构以及以何种方式决定生产和分配结构。依照弗斯特的观点,世界上根本不会存在中立性的分配机制,任何分配性问题的背后都暗含着政治的因素,正义理应被理解为主体自主性的成就,而并不是简单地被认为是被动的接受。第三,这个分配图像忽略了这样一个事实,即对物品的合理要求不仅仅是"给予的",而只能在适当的证成程序中以主体的话语的方式确立。这是所有主体间作为自由、平等之人共同证成的过程,这也是正义最基本的要求。第四,这种分配图像遮蔽了社会的不公正的实质,我们在政治社会的正义问题上有必要十分清晰地区分"贫穷"这个词到底是因为不公正的社会权力关系所造成的,还是因为暂时性或偶然性的自然事件所造成的。根据弗斯特,这就是"坏结果"和"错误过程"之间的区别。在弗斯特的这个结论中,他指的"坏结果"就是物质分配结果的不平等;而他所说的"错误过程"指的是社会结构对人的不平等导致了物质分配的不均衡。虽然两者的结果一样的,但是后一种不公正对受影响的人来说是更加不正义的表现,它揭示了对主体更加隐蔽的剥削与压迫。弗斯特强调,如果我们忽视了这一区别,自主的主体就从正义的主体变成了援助的对象。而道德的援助永远改变不了主体间的关系和结构的不公正关系。弗斯特强调,如果我们不改变社会结构的权力关系,我们就不能真正改变不公正的实质。②

在弗斯特的意义上,正义的首要问题是权力。值得注意的是,弗斯特对

---

① Forst R. *Justification and Critique: Towards a Critical Theory of Politics*, Cambridge: Polity Press, 2013:144.
② Forst R. *The Right to Justification: Elements of a Constructivist Theory of Justice*, New York: Columbia University Press, 2012:247-248.

"权力"的解释并非传统意义上的强制权力,而是更具包容性的"本体权力",这种权力可以影响、使用、决定、占有甚至关闭他人的证成空间。弗斯特认为,这种权力现象可能发生在生活实践的每一个角落,例如极富感染力的演讲,有根据的推荐,对世界意识形态的描述等。所以,权力现象位于一种社会结构中,这种社会结构依赖于某些正当理由叙述。正当理由可以强制执行,也可以自由分享,也就是说,权力总是在交流空间中发挥作用。权力的空间即是话语的空间,对权力的话语分析就是分析决定权力空间的现实过程。以"本体权力"的理念为起点,弗斯特认为,权力的实质是作用于他者理性空间中的力量,那么,不公正的权力形式就表现为扰乱、扭曲甚至封闭理性空间,并且将人们排除在证成性决策的过程之外,使人们失去了最基本的自主的"证成权利"。从这个角度说,"证成权利"在道德层面的确立是非常脆弱的,容易受到支配与暴力的强权威胁。只有在政治的背景下,"证成权利"才能转化为一种政治话语权力,为政治社会的规范建构提供批判的证成叙述,并在这种证成的叙述中最终走向了正义的证成观念的规范秩序。在这里,弗斯特试图阐明的政治话语权力是一种建立在普遍合理的规范之上的正义权力形式,这种权力形式不仅保证了"证成权利"作为道德规范基础的核心地位,并且使"证成权利"的政治自主权得以实现。

四、证成权利

在《证成权利:正义之建构主义理论的诸要素》*The Right to Justification: Elements of a Constructivist Theory of Justice* 这本书中,弗斯特系统地阐述了其核心概念——"证成权利"的理论。在德语中,"Recht",即"法律"或者"权利"都与"证成"(Rechtfertigung)联系在一起,弗斯特认为,正义批判理论必定是以"证成"的方式对权利进行确证。正义的规范性基础可以追溯到一个单一的根源——"证成权利"。[①] 弗斯特对"证成权利"的理念进行了界定,他认为:"证成权利就是道德人所拥有的最基本的权利基础。这种基本权利

---

① Forst R. *The Right to Justification: Elements of a Constructivist Theory of Justice*, New York: Columbia University Press, 2012, Preface.

规定了道德人具有无条件的权利与义务来为道德上相关的行为辩护。每个人都有权利要求别人给予合理的理由,而每个人都必须有义务向别人提供合理的理由。同时,这项权利赋予了每个道德人对政治社会上不合理的行为或规范的否决权。"[1]弗斯特写到,证成权利是一个"实践理性的基本概念,是道德和政治自主的实践"[2]。弗斯特坦言,这是唯一能使人性主张与历史主张相协调的方法,是一项现代成就,具有实践的道德意义。事实上,这与哈贝马斯对历史的后形而上学解读截然不同。哈贝马斯的商谈伦理只专注于建构批判理论的规范基础,而弗斯特在这种规范基础的建构中更突出了人的自主性以及人性的尊严。

弗斯特认为,"证成权利"不仅是主体在道德上对他者所拥有的权利,而且是以正确的方式在政治社会的规范秩序中得到保障的权利。换言之,这些权利不仅是个人对他人的权利,而且是指政治公共权力以特定方式构成的权利,这些权利最终在法律和政治上得到保障和实现。[3] 更重要的是,如果我们正确理解"证成权利"的概念,我们就会看到,作为一个权利主体的道德权威,在政治社会中,主体就转变为一个法律权威,那么,在跨国语境下,主体则转变成作为共同决定他们所服从的规范秩序的政治权威。弗斯特认为,之前的学者都侧重于对基本权利的道德辩护,而并没有把这些基本权利与法律、政治以及道德的语境进行充分结合。但是,在政治社会中,我们始终要寻找的是能够为法律的权力提供道德的证成理由,如果我们以权力的证成方式来重构法律、民主与道德的关系,我们就走上了实现这些权利的最佳途径。弗斯特强调说,这种权利不是简单地在政治制度中"镜像"的权利,而是作为基本证成结构的权利,在这种结构中,规范秩序的成员积极地共同决定这些权利。因为弗斯特坚持认为争取"证成权利"始终是一场争取解放的斗争,而且这是一场仍未完成的斗争,因为无论是在目前的民主国家还是

---

[1] Forst R. *The Right to Justification*: *Elements of a Constructivist Theory of Justice*, New York: Columbia University Press, 2012: 259.

[2] Forst R. *The Justification of Human Rights and the Basic Right to Justification*: *A Reflexive Approach*, Ethics, 2010, 120(4): 711-740.

[3] Forst R. *What Does It Mean to Justify Basic Rights*: *Reply to Duwell, Newey, Rummens and Valentini*, Netherlands Journal of Legal Philosophy, 2016, 45 (3): 76-90.

在非民主的政权中，我们都没有设法确立这种"证成权利"的核心地位。

从弗斯特对"证成权利"的概念界定中，弗斯特强调"证成权利"有三个特征：第一，"证成权利"理念具有道德特征。弗斯特"证成权利"理念的这种道德特征与目的论的观点不同，因为弗斯特认为，目的论的主旨是将人的基本权利置于基本的福祉利益之上，旨在实现人们生活水平的提高。而弗斯特所强调的"证成权利"则是平等主体间的基本权利，是一种平等的可证成的权利，这种权利是任何人都不可能有理由相互拒绝的。① "证成权利"是一种维护道德、尊严的道德权利。如前所述，康德的绝对命令背后的动机是由一个道德准则的无条件和理性基础衍生出来的，这一准则是由实践理性决定的。弗斯特则认为，承认一个人在道德上的行为义务的动机不是来自对道德法的认识，而是来自承认其他人是同样自主和脆弱的生物。因此，这种认识不是由理性以先验的方式支配的，而是一种后天习得的洞察力。② 这个权利的"基础"是道德性的，也是超越性的，即这种权利作为一个与所有其他权利平等的规范性权威，享有正当理由的人的自主权③。这种权利界定了主体应遵循的规范性标准，同时也定义了一个人在社会中的基本地位。

第二，"证成权利"理念具有政治特征。在弗斯特看来，"证成权利"理念的政治特征强化了"证成权利"理念的社会和政治观点。弗斯特认为，"证成权利给予人们对不正当行为或规范的道德否决权"④，公民通过对不可接受的理由说"不"，将这些道德权利内化并在政治上表达出来。换言之，道德基础建议一种政治概念，公民通过以持续的方式质疑正当性来行使公民的道德权利。也可以说，"证成权利"既是一种道德权利，也是一种政治武器。弗斯特强调，"证成权利"的概念在本质上是自我反思性的。政治哲学必须建

---

① Forst R. *The Justification of Basic Rights: A Discourse-theorethical Approach*, Netherlands Journal of Legal Philosophy, 2016, 45(3): 10.

② Forst R. *The Right to Justification: Elements of a Constructivist Theory of Justice*, New York: Columbia University Press, 2012: 67-69.

③ Forst R. *The Right to Justification: Elements of a Constructivist Theory of Justice*, New York: Columbia University Press, 2012: 63.

④ Forst R. *The Right to Justification: Elements of a Constructivist Theory of Justice*, New York: Columbia University Press, 2012: 265.

立在这种洞察力之上,以便以正确的方式将理论和实践联系起来,并避免它经常陷入死胡同。自柏拉图的《理想国》以来,政治哲学就提出了一个合法或公正地行使政治统治的原则问题。弗斯特从政治统治正当性的核心问题开始,并给它一个"自反"的转折点:谁真正提出了这个问题,谁有权回答这个问题。弗斯特认为:"我们必须回顾政治哲学的政治观点,把证成的哲学问题作为一个实践问题来思考。因为正当性理由的政治问题不是抽象的,而是以具体的方式提出的,即历史行动人不再满足于他们所服从的规范秩序,政治哲学问题是他们自己的问题。"①

第三,"证成权利"具有普遍人权的特征。在这一点上,弗斯特强调,正义不是从某种社会文化外部的道德准则来评估的,主体的"证成权利"既不是实现或享受某种物质的手段,也不需要外界打着道德的旗号对主体本身的文化进行干涉。相反,它们是那些将自己和他人视为行为人的自主成就,这些行为人拒绝成为任意统治的"纯粹"对象。"证成权利"赋予行为人规范意义上的社会和政治权力。这种"证成权利"不应该建立在自欺欺人或幻想的基础上,它的形成方式应该是将政治社会的其他成员视为自由平等的公共解释者。从某种程度上说,人类有权要求这种权力,人权就是一种表达这种基本"证成权利"的方式。这意味着,不公正的社会现象就是认为所讨论的社会关系或结构要么根本没有正当理由,要么政治社会的规范与制度是以虚假的正当方式让人们接受。因此,根据弗斯特的说法,社会冲突和解放运动的"深层语法"基本上就是他所说的"为正义而战"。总之,弗斯特意义上的"证成权利"是所有人都拥有一种否决权,即反对那些不合理的规范和统治。

弗斯特认为,作为"正义的证成"观念的基础,"证成权利"应该遵循相互性和普遍性的证成原则。只有经过相互性与普遍性的证成原则的检验,其制度的观点与法治立场才可以得到证成。实质上,证成原则所强调的"普遍性与相互性"标准是主体特权的过滤器,也是检验道德规范有效性的试金

---

① Forst R. *Justification and Critique: Towards a Critical Theory of Politics*, trans. Ciaran Cronin, Malden: Polity Press, 2013: 2-3.

石。借助其普遍性与相互性这两项标准,主体运用证成原则区分合理或者不合理的理由,并以理性方式拒绝不合理的诉求。弗斯特认为,在他对康德的重建中,绝对命令不仅要求服从道德准则,而且还要在道义上明确自己的责任。在弗斯特看来,这相当于话语的绝对道德责任,在弗斯特的术语中,作为一个给予理由(Reason-giving)和值得被给予理由(Reason-deserving)的主体,人们彼此承担这种相互证成的责任。换句话说,弗斯特对康德的绝对命令提出了一个主体间的转向,他认为,道德责任本身并不归于道德法,而是归于对理性的、同时也是脆弱的、有限生命的尊重。

第三节 弗斯特正义批判理论的总体分析

一、弗斯特正义批判理论的核心问题

社会的规范性与社会秩序是相互联系的,有哪种规范性,就会有相对应的社会秩序。社会规范性是社会秩序的基本要素,而适用于正当秩序最重要的规范性就是正义。[①] 它们彼此之间相互联系,主导着人们的生活与实践方式。当代世界由于多元化的发展,存在多种规范性的正义范式,从而发展出了多元价值的社会秩序,如何化解多元文化的发展与统一规范的正义秩序之间的紧张关系是弗斯特正义批判理论思考的核心问题。

针对这一现实问题,弗斯特认为,要想实现统一规范性的正义秩序,当务之急就是重新确立当代正义的规范性基础,并使之在政治社会中实践与发展。弗斯特并不避讳众多学者对他的道德"基础主义者"的定位,他认为"这种道德基础即使在后形而上学时代也是不能放弃的,并且可以用证成的方式来重构"。[②] 但是,弗斯特认为这里的道德基础并非形而上学意义上的"终极"基础,而是主体间"证成权利"的道德规范性重建。从历史的方面看,这种以"证成权利"为基础的"正义的证成"观念是对传统正义观念的继承与

[①] Forst R. *The Right to Justification: Elements of a Constructivist Theory of Justice*, New York: Columbia University Press, 2012: 2.

[②] Forst R. *The Right to Justification: Elements of a Constructivist Theory of Justice*, New York: Columbia University Press, 2012: 15.

批判,是民主理论的进一步发展的体现;从现实的层面看,以"证成权利"为基础的"正义的证成"观念又是现实政治社会规范性的有效回应,是在正义规范性基础受到极大挑战的前提下产生的。以"证成权利"为基础的"正义的证成"观念不仅能够化解多元社会发展所产生的分歧,而且能够激发主体间相互尊重、相互团结的政治自主意识,从而在为解决现代社会多元化危机以及维护政治社会的正义秩序方面发挥核心作用;从方法论的角度看,"证成权利"所蕴含的语境普遍主义冲破传统正义理论的框架,为多元社会的正义理论发展起到了革命性的作用。总之,弗斯特"正义的证成"观念为挽救当代政治合法性危机提供了规范性的证成进路。

因此,若要寻求多元文化与正义秩序之间的统一,我们要把"证成权利"放入"正义的证成"观念所建构的规范性秩序中去理解。弗斯特认为,"证成权利"不仅要求保护自己不受政治当局对个人自由的非法侵犯,还意味着要求采取行动的权利。因为,正义要求在社会合作的框架体系内,各成员自主践行权利与义务,在平等和自由之间达成一致,而这种体系已然成为一种证成的规范秩序。正义所要求的社会规范秩序绝不是一种虚假状态,而是建立在"证成权利"基础之上的"正义的证成"观念。

具体来说,一方面,"证成权利"是正义规范秩序形成的道德基础。"证成权利"为"正义的证成"观念提供了证成的理性基础。"证成权利"并非纯粹的理论形式,而是一种在历史实践过程中对人类基本道德权利的洞察。对于这种权利的尊重是"道义论"所普遍要求的,道德的尊严观念就在于承认他人作为"自身目的"的权利。这为政治社会正义理论奠定了道德基础。弗斯特认为,正义的观念不应只考虑物品数量的分配,而是应该考虑社会权力之间相互证成的规范性结构。这里所指的规范性结构是社会的道德规范的基本结构。在道德的视角中,社会正义的焦点已经发生了变化,正义不再是关于社会秩序的道德抽象原则以及形式推演,而是主体间道德实践的证成关系。在这种证成关系所反映出来的基本"证成权利"不仅保障了社会成员获得政治话语权力,还提供了多元社会正义秩序的规范性基础。

另一方面,正义的规范秩序是实践"证成权利"的保证。正义的规范秩序其实就是一种得到权利证成的社会规范秩序。① 正义的规范秩序就是一种合理的社会证成关系，它批判性地对抗现存的虚假社会规范，并把任意性的统治和支配驱逐出去，使社会中的"证成权利"得到公正的分配。弗斯特认为，我们要从国家主义或者全球主义的传统正义观点中解放出来，正义的规范秩序应该被理解为一种跨国主义的正义观念，在这种秩序中，作为文化和社会本身的内部成员才是规范性的权威。"正义的证成"观念所建构的规范秩序保障了主体不仅要作为规范秩序的接受者，更要作为政治秩序的创造者，从他们自身的证成性叙事中构成彼此间的规范秩序。

弗斯特强调，他的"正义的证成"观念提出了一种新的正义之维，将种族、性别、群体、国家、跨国等方面融入正义规范基础的分析与研究之中，从而为正义的社会秩序提供了一种新的理论范式，其目的就是追问在一个政治社会中的道德主体的权利是否得到了证成性的证明。在此意义上，"证成权利"成了道德规范的道德基础以及政治权力保障，而规范秩序则保证了"证成权利"得以发展。从这两者的关系来说，弗斯特"正义的证成"观念是可能的。

二、弗斯特正义批判理论的主要旨趣

弗斯特正义批判理论的目的在于分析现存不公正的社会矛盾，探寻政治社会正义规范的实质，为多元价值时代寻求实现正义规范秩序的途径。在弗斯特著作中，"证成权利"的思想贯穿于整个"正义的证成"观念之中，支撑起以"解放"为旨趣的社会批判理论体系的框架。弗斯特强调，正义绝不仅仅取决于物品数量的平等分配，而是取决于社会主体间的权力关系。面对当前全球的发展趋势，不同地区、种族以及国家之间的冲突与矛盾不再表现为单一的武装对抗形式，而发展成为更为复杂的多重统治与压迫，这就不可避免地造成了支配与统治等权力关系的扭曲。因此，弗斯特以"解放"为旨趣的正义批判理论聚焦一切不公正的权力现象，表达了人们对剥削与压

---

① Forst R. *Normativity and Power: Analyzing Social Orders of Justification*, New York: Oxford University Press, 2017: 2.

迫的坚决抵抗,以及对美好生活的强烈渴望。

弗斯特之所以把"解放"作为社会批判理论的旨趣,主要源于他对人的理性能力的肯定。他认为人的理性是一种塑造人之行为的证成能力。弗斯特并不赞同本体与现象的二元论,他认为这种主客二分的观点是对人类的不公正对待。作为具有理性的人不能置身于自然世界与人类社会之外。因此,弗斯特认为,"理性之人是塑造行为的本体"①。由于他们的理性能力,人类总是可以挑战那些不公正的或者虚假的统治权威。面对不公正,理性是一个持续不断奋力反抗的源泉。只要理性的能力不被消灭,人类就可以质疑和拒绝不公正的秩序,并努力追求正义的秩序。在弗斯特看来,社会正义的基础要从受规范、制度影响的主体间寻找答案。主体不仅要作为规范的接受者,更要作为政治秩序的创造者,从他们自身的证成性叙事中构成正义的规范秩序。所以,"证成权利"所引出的解放力量源自人类可证成的理性能力,他们拥有自由解放的权利。

因此,本书认为,弗斯特以"解放"为旨趣的批判理论意欲建构一种符合"道义论"的人性尊严观,它强调主体间应该发展一种平等交流和证成的理性空间,从而建构起自由与解放的自主正义观念。弗斯特认为,正义是一种衡量社会基本结构(包括法律、政治和社会整体状况)的最高政治道德。② 因此,弗斯特"正义的证成"观念把现实的正义问题作为考察的对象,并从社会本体论的层面将正义建立在主体间"证成权利"这一实践理性基础之上,为我们呈现出一幅当代西方政治哲学家致力于谋求社会解放的政治图景。

三、弗斯特正义批判理论的建构理路

弗斯特正义批判理论基于"证成权利"这一核心主线,详细阐述了其在道德领域中作为道德规范基础的确证,在政治的领域中作为政治话语权力的建构,以及在跨国正义语境下作为人权观念的建构过程。从这三层建构

[①] Forst R. *Normativity and Power: Analyzing Social Orders of Justification*, New York: Oxford University Press, 2017:13.

[②] Forst R. *Contexts of Justice: Political Philosophy beyond Liberalism and Communitarianism*, trans. John M. M. Farrell, Barkeley: University of California Press, 2002, Preface.

过程中详细阐述了弗斯特正义批判理论所要建构的核心观点,即"正义的证成"何以可能。

在道德建构的层面,"证成权利"是主体的基本道德权利。弗斯特认为,人是可证成的存在,在主体间合理的证成秩序中,他们具有实践的道德自主性,并最终由人性尊严确证了"证成权利"规范性的基础。在不同的社会规范情境中,主体间的证成权利可以在伦理、法律、政治以及道德的语境中证成人与社会的关系,从而构成了其规范性道德理论的支撑。这种道德权利的有效性被理解为在所有人类中的相互和普遍的自主证成。作为一种普遍的道德规范,"证成权利"是一种道德权利和义务的观点,适用于人类道德共同体的每一位成员。

在政治建构的层面,"证成权利"是政治话语权。弗斯特强调,道德建构是政治建构的基础。但"证成权利"作为道德规范的基础是一种非常脆弱的权利基础,它经常会受到不公正的支配与暴力的威胁。而"证成权利"的道德规范基础只有在政治的层面上以政治话语权的形式才能检验与批判不合理或者不公正的权力关系,从而保护并且实践"证成权利"的道德规范基础。于是,在政治领域,证成权利从单纯的道德权利转变为政治参与权,在政治、法律和经济机构的证成中发挥着不可忽视的作用。这是一种"不可否认的政治社会权利",它不仅保护一个人的尊严不受不正当行为的影响,而且还使一个人的自决自主权得以实现。"证成权利"作为一种政治话语权力,为政治社会的规范性的权力关系建构提供了批判的证成叙述,这种证成叙述创造了一个产生普遍的理性话语证成的空间,在这种理性的证成空间中,"证成权利"作为政治的话语权能够冲破不公正权力的封锁,最终走向正义的规范秩序。

在跨国主义的建构层面,"证成权利"成了一项跨国正义的人权观念。跨国正义的建构是在道德建构与政治建构的基础上发展起来的,并试图在全球化进程所带来的冲突中探问:跨国正义如何通过全球化进程而在国家内与国家间摆脱统治和暴力的权力,并产生出公正的规范秩序的呢?不同于"富裕"和"贫穷"国家之间存在着一个简单而结构清晰的权力界限,全球化的语境是一个复杂的多重权利体系,这意味着在大多数维度中,国家内部与国家之间不仅存在着不平等权力的具体关系,而且或多或少地存在着固定的统治模式。弗斯特认为,"证成权利"的确立需要扩大道德与政治层面的视野,突破国家内部与国家之间的束缚,在跨国正义的理念中探寻一种文化中立与文化敏感的跨国人权观念。弗斯特提醒我们,人权的要求就是全世界人们抗议各种形式的压迫和剥削的要求,并且他们认为这些压迫和剥削无视他们作为人的尊严。跨国人权观念是对抗不公正的统治与压迫等强制权力的首要武器,它强调任何人都不能有理由拒绝他人的"证成权利",而且这种权利是追求正义与解放以及建立统一的世界正义之规范秩序的实质要求。

第二章 "证成权利"作为规范性基础的道德确证

本章主要讨论"证成权利"作为规范性基础的道德确证。主要解决的问题是：弗斯特"正义的证成"观念所依据的哲学基础是什么？"证成权利"如何构成了其规范性道德理论的支撑呢？以及"证成权利"是如何超越具体的社会语境，并仍然具有普遍的客观性及有效性呢的？本章分为三节，第一节主要探讨主体"证成权利"的确证。弗斯特认为人是可证成的存在，依据这一人性特征，人们在实践中发展了自身实践的道德自主观以及人性尊严观，从而确证了主体间"证成权利"的合理性与可能性。第二节探讨基于"证成权利"的道德确证，弗斯特用递归的方法分析了人与社会存在四种证成关系。主体间的"证成权利"可以在伦理、法律、政治以及道德的语境下发挥其自主性。但是，弗斯特强调，道德领域必须是优先的。在道德领域中必须遵循普遍与相互的道德证成原则，最终产生了一个具有道德基础的"证成权利"体系。第三节分析"证成权利"作为道德规范性基础的必要性、可能性和客观性。通过这三个方面的论证来解答弗斯特"证成权利"如何成为统一的道德规范基础，同时又能捍卫它的道德客观性。

第一节 主体的证成权利

弗斯特的"证成权利"遵循康德的道义论，他认为社会的规范基础可以在一个可证成的主体间的本体论[①]意义上保持其规范性。对于这个观点，学

---

① 弗斯特在其理论的建构中，多次使用"本体"这个概念。弗斯特认为，我们对于主体的理解应该超越"本体"与"现象"的二元论，因为从某种程度来说，这种二分本来就是对主体的不公正的解释。因此，弗斯特认为，主体不应成为现象世界之外的人，他肯定理性之人可以塑造行为的本体。

界很多学者进行了批判,认为普遍的道德基础与先验的人性联系在一起是与现实社会的脱节。然而,耶鲁大学政治哲学家赛拉·本哈比(Seyla Benhabib)指出,弗斯特的"证成权利"是实践理性的最高证成原则,是所有对道德、社会和政治语境反思的关键。①

一、人是可证成的存在

自古希腊探讨哲学以来,人们就开始研究和探索人性的特征。在哲学中,人性具有不同解释,例如,"作为被赋予理性(Animal Rationale)并具有独特语言能力(Zoon Logon Echon)的人,也是有限的人(Flawed Being)"。再如,作为社会和政治人(Zoon Politikon)。② 在弗斯特看来,从这些定义的组合中浮现出的是人类作为理性的正义存在的形象,即可证成的存在(Justifying Beings)。弗斯特进一步解释了"证成的存在"所包括的三层内涵。第一,具有证成的理性能力。人们有能力通过向别人提供理由来为自己的信仰和行为辩护;第二,具有证成能力的人有义务将证成视为一种彼此间的责任,并期望人们站在彼此的立场上,为他人的行为和信仰进行证成。这意味着被证成的事情能够经得住批评和挑战,人们彼此承担这种理由给予(Reason-giving)和值得得到理由(Reason-deserving)的责任。第三,我们必须把具有证成的能力看作是与证成行为结合在一起的主体间的实践能力。

(一)证成的理性能力

弗斯特认为,作为理性存在者的主体具有两种特征:一方面,人是理性的。弗斯特认为,人作为具有理性的生物,具有思考的能力,是一个理性的存在。理性被理解为从理性中把握自己在世界上的方向的能力。正如恩斯特·图根德(Ernst Tugendhat)所强调的,"理性"(Ratio, Raison, Reason)可以同时表示"理由"(理性)(Reason)和"基础"(Ground)。因此,理性的能力是能够对自己的信仰和行为作出回答的能力(拉丁文:rationem reddere;希腊

---

① Benhabib S. The Uses and Abuses of Kantian Rigorism: On Rainer Forst's Moral and Political Philosophy, Political Theory, 2015, 43(6): 777-837.
② Forst R. The Right to Justification: Elements of a Constructivist Theory of Justice, New York: Columbia University Press, 2012:1.

文：logon didonai)。① 另一方面，人类是社会政治性的。作为一个社会存在者，意味着人类是互动的主体，其个体的成功取决于团体或社会。同时，作为一个政治存在，意味着人类社会是由一个社会背景构成的，该社会背景包含规范和制度，并规范人类和社会的共存。

如果我们把主体看作是有证成能力之人，他们就是积极的存在，而不是被动的或痛苦的存在。也即是说，他们并不是为了获得某些物质"价值"或"美好的"生活的必需品，而是作为正当理由的主体。弗斯特令人信服地认为，人类作为理性的与社会政治人的结合，他们是自由的，因为他们可以自由地选择和审视自己的理由（理性），通过提供理由，我们试图证明我们的想法、论点和行动是正当的。在这个彼此间要求理由与给予理由的证成过程中，人们需理解一个实际的必要条件，因为合理意味着不仅要知道什么应该被证明是合理的、如何被证明是合理的，而且当一个人对他人行使权力时，还需要证明权力是正当的。当关系到他们应该服从谁和接受什么的时候，这些人中的每一个人都有不可剥夺的基本"证成权利"。也就是说，每个人都是一个具有证成能力的权威，在这个世界上，他应该拥有与他人一样的权利。在这方面，作为一个可证成的存在者是不可替代的，因为他（她）是许多人中的独立的主体。用霍耐特（Axel Honneth）的术语来说，坚持"理性的普遍性"的概念，它依赖于理性证成的社会过程："虽然从霍克海默到哈贝马斯，批判理论中可能存在着各种各样的理性概念，但它们最终都归结为同一个概念，即理性洞察力。"②

（二）证成的社会责任

具有证成能力的人有义务将证成视为一种彼此间的责任，他们能为自己的信仰和行为辩护，他们把这看作是一种责任，并期望他人也能为自己的行为和信仰提供证成并承担责任。这就是弗斯特所解释的，"我认为我必须

---

① Tugendhat E. *Traditional and Analytical Philosophy: Lectures on the Philosophy of Language*, trans. P. A. Gorner, Cambridge: Cambridge University Press, 1982: 76.

② Honneth A. *A Social Pathology of Reason: On The Intellectual Legacy of Critical Theory*, in *Pathologies of Reason: on the Legacy of Critical Theory*, trans. J. Ingram, New York: Columbia University Press, 2009: 28.

证明我对他人的主张、论点和行为是正当的,我希望其他人也能同样这样做"①。弗斯特之所以这样认为是因为他虽然肯定了人类的实践证成能力,但同时也肯定了作为可证成的理性人确实是有限的或者脆弱的。这意味着没有人能够单独依靠自己的力量从头开始重新创造理性的空间,每个人都必须在主体间的彼此证成的过程中找到自己的合理方向。

正如弗斯特所说,对有限性的洞察在这里意味着两件事。一方面,它是对人类脆弱性和人类痛苦等各种风险的洞察。"如果人们无法认识到一种道德洞察力,即对人类责任的洞察力,那么这种道德就是盲目的。"②因此,正义的道德也基于这样一种认识:作为脆弱和有限的人,人类需要彼此在道德上的尊重,从而证明彼此的理由是正当的;从这个意义上讲,这不仅仅是一种"理性存在"的道德,而是对所有他者的道德。

另一方面,对人的有限性的反思不可局限于道德的"终极"基础。弗斯特认为,我们必须对所提供的理由进行相互和一般性的重新评估。由于人们的有限性和脆弱性,证成原则在道德上不能排除失败和错误的可能性,但是它是一种可以在细节上加以批评和修改的部分,因为它赋予个人的"否决权"一直存在。正如弗斯特所说,"正当的道德是一种可以在细节上加以批判和修正的道德:一种'没有驱逐者'的人类道德,原则上不能排除失败和错误的可能性。然而,只有一个权威可以修改任何看起来不再站得住脚的理由:理由本身"③。这也说明了为什么他认为自主和实践理性的规范性概念是真正普遍的,而不仅仅是一种特定的生命形式的表达。这些概念构成了责任概念的核心,并在此基础上证成一切形式的美好生活的可能性。正如弗斯特所见,这种道德责任的概念不是共同美好生活概念的结果,而是对冲突和学习过程结果的现实考虑。这些冲突和学习过程清楚地表明了人们彼此应该为对方负责。这不仅仅是关于一些"程序性"规则的一致意见,而是

---

① Forst R. *The Right to Justification: Elements of a Constructivist Theory of Justice*, New York: Columbia University Press, 2012:21.
② Forst R. *The Right to Justification: Elements of a Constructivist Theory of Justice*, New York: Columbia University Press, 2012:38-39.
③ Forst R. *The Right to Justification: Elements of a Constructivist Theory of Justice*, New York: Columbia University Press, 2012:39.

我们在试图裁决权力关系的各种问题时所拥有的最好武器,在这个意义上,理性是可以自我修正的。

(三)合理证成的实践

弗斯特指出,人类也是实践的生物(Creatures of Praxis),在实践中,人们总是给出理由并总是期望理由。在这种彼此互动中,人类不可避免地发现自己被嵌入"理性空间"或者"证成的秩序"(Orders of Justification)之中。在这种秩序中,人类的实践与证成有关:无论我们做什么,我们都要求自己和他人提供合理的证成理由。那么,我们如何确证道德的证成理由的合理性和有效性呢?是依据个体的理性还是主体间的合理证成呢?在这种秩序中,弗斯特提醒我们有必要区分理性基础(Rational Grounding)和合理证成(Reasonable Justification)的差别。① 在所有这些情况下,主要问题是"我该怎么做"若基于理性基础(Rational Grounding),行动只能"相对"基于给定目标的手段选择,以及相对于一个人的"开明的自我利益"。然而,他们并不要求别人接受他们的有效性作为正当理由,这只是能够解释一个行为,这并不意味着能够在主体间证明其正当性。从这个方面说,它并不总是需要以一种道德理由或规范性理由来回答。

相比之下,合理证成(Reasonable Justification)是基于道德意义上的合理解释。并且其中的合理性"Reasonable"更接近康德的"绝对命令",包含了对于主体间平等的尊重。② 这就需要我们用一种实践理性的能力,使其能够进入证成理由的公共空间。在这个证成空间中,个人的证成能力是有限或者脆弱的,所以主体理性是不能成为规范基础的,因而我们求助于共享、共同的证成,或者说主体间的合理证成。合理证成基于"实践理性",是一种可以理解为一种在实践语境下为证成理由辩护的基本实践能力。因此,区别理性基础与合理证成是必要的,它重建了各种证成理由的背景。从这个意义上说,"站在他者的立场上"意味着被证明是正当的事情能够经受住挑战和

---

① 在区分理性基础(Rational Grounding)和合理证成(Reasonable Justification)时,弗斯特借助了罗尔斯对这两个概念的意义划分。对于罗尔斯对两者的区分,参见 John Rawls. *Political Liberalism*, New York:Columbia University Press,1996:49.

② 强以华、王娟娟:《作为道德范畴的"爱"》,《湖北大学学报(哲学社会科学版)》2020 年第 4 期。

相关批评,并且使各自的理由成为共同理由:理性可能指非常特殊的信仰和行为,但原则上它们是公开的。这些理性可以被"提供""接受"和"要求",而且它们不是私有的。它们通常可以根据理性标准进行评估,并且是"给予和要求公共理由"的一部分。正如加拿大蒙特利尔康科迪亚大学哲学系吉拉伯特(Gilabert)所说:"理性是面对不公正时持续的抵抗、恢复力和主动性的源泉。只要他们的理性能力本身没有被消灭,人类就可以质疑和拒绝不公正的命令,想象和追求公正的命令。"①

二、人的社会自主性

(一)弗斯特对传统政治自由观念的分析

尽管今天的"自由"被普遍认为是衡量一个社会基本制度结构合法性的基本标准,但关于其内容的争议仍然没有减弱。其中,"政治自由"一词用得相当广泛,包括"古人的自由"和"现代人的自由"、"消极的自由"和"积极的自由"等。所有这些都在政治自由的概念中起到了一定的作用,但它们都不应像通常情况下那样以牺牲其他人为代价,成为至高无上和占主导地位的人。这是大多数片面的"消极"或"积极"、个人主义或社群主义的政治自由观念的问题,即它们使一定的自主观念成为绝对的。

在谈到政治自由的概念时,弗斯特偏离了以赛亚·柏林的著名观点,即"自由有两个概念",一个是消极的,另一个是积极的。② 他认为柏林对这些概念的分析并不清楚。弗斯特认为,在柏林的意义上,政治自由似乎真的有两个概念:"前者(即捍卫消极自由的人)希望以此来遏制权威,后者(那些捍卫积极自由的人)希望将其置于自己的手中。弗斯特认为这一点至关重要。这不是对一个概念的两种不同解释,而是对生命目的的两种截然不同的、不可调和的态度。"③更重要的是,柏林对消极自由的描述暗示了积极自由的

---

① Gilabert P. *A Broad Definition of Agential Power*, Journal of Political Power, 2018,11(1):79-92.
② Berlin I. *Two Conceptions of Liberty*, in *Four Essays on Liberty*, Longdon:Oxford University Press, 2002:166.
③ Forst R. *The Right to Justification:Elements of a Constructivist Theory of Justice*, New York:Columbia University Press, 2012:135-136.

特殊概念。关于消极自由的问题"我要统治什么"或者"我掌握的领域是什么"的前提是回答一个积极的问题"我由谁管理"或者"谁是主人",这显然是积极自由的答案,它体现有反思能力和有意义的选择。

与更狭隘的"政治自主"相比,弗斯特意义上的政治自由被理解为人们作为政治团体公民所拥有的自由,这就是他们作为公民可以要求的自由,他们必须作为公民互相给予对方自由。根据弗斯特的洞察,我们可以根据麦卡伦提出的公式来理解自由的核心概念:"X 不受 Y 的干扰,自由去(做或者不做)Z。"[1]然而,弗斯特认为这个公式太抽象了,重要的是如何在政治背景下填写"X""Y"和"Z"。什么是"真正的"自我决定的行动者(经验的或"真正的"自我)?什么是自由的约束(外部或内部约束)?自我决定(或"自我实现")行为人的特征是什么?我们需要做的是分析处于政治自由概念中心的自主形式。但在弗斯特看来,如果一个人从一个基本的观念出发,那么,主体同时是某个特定政治团体的自由主张的作者和收件人,人们需要发展出一个不同的政治自由概念,允许对上述理论所采用的各种自主概念进行批判。

此外,弗斯特在这里所捍卫的"主体间"的自由方法不应与社群主义的方法相混淆,根据社群主义的方法,只有当一个人的生活是政治团体生活的一部分时,他才是自主的,而这个政治共同体为其公民提供了一种良好和道德生活的感觉。相反,他所谓的"主体间"与个人主义和社群主义个人自由概念之间的争论不同。他用"相互性"和"一般性"两个术语来解释:政治自由是公民相互给予、一般给予对方的自由形式。它不是"国家"或"社区"向公民"分配"权利和自由,而是公民本身同时也是权利主张的作者和收件人。作为公民,人既是自由要求者(或自由使用者)又是自由授予者。通过对这一双重角色的分析,我们会发现它隐含着个体自主的不同概念。在这种方法上,自由问题是更大的正义问题的一部分,因为证成原则的相关标准是程序正义的标准。一言以蔽之,所有对政治自由的主张都需要被证明是正义的主张,但并非所有对正义的主张都是对自由的主张。

---

[1] MacCallum G. *Negative and Positive Freedom*, in *Liberty*, ed. David Miller, Oxford: Oxford University Press, 1991:100-122.

(二)弗斯特多维的社会自主理念

从以上的分析来看,为了超越传统自由观念的束缚,弗斯特详细分析了个人自主的五个自由概念,并发展了一个多维的社会自主概念。可以说,弗斯特的多维社会自主理念为多元政治社会结构的自主问题提供了一个全面的回答。

从总体看,弗斯特的这种自主观念包括两方面的内容:一方面,人们在回答实际正义问题时具有提出自主的证成能力;另一方面,主体间的规范性除了遵循证成原则要求的相互性和普遍性的标准,不需要任何的基础,正义就是主体间遵循证成原则的自主建构,从而与正义的解放内容相一致。于是,这种权利要求自主的道德人彼此间相互尊重。弗斯特认为:"自主并不仅仅意味着在一个特定的社会结构中的自主权利,而是在实践中,主体与他人就各自的观点、需求和价值观进行对话,获得或恢复一种对自己的反思性态度,从而将自己从外部强加的片面的自我形象和价值观中解放出来。"[1]弗斯特的意思是在实际话语的交流中,一个人获得了一种超越自我决定或自我的自主形式:通过"他者性"的经验将自我重新连接起来。自主成为自我改造和自我认识的重要媒介,一个共同的观点是我们在与他人交往中发现自己的差异和身份、与他人的区别和统一。弗斯特强调的是自我在历史和社会背景中的"位置性"。自我不是简单的自主,它是通过交流和相互承认的过程来实现自主。它是一个"具体的",文化的"嵌入"自我。因此,任何公正道德概念的核心都是道德话语的概念,即所有道德相关者之间的对话,在这些对话中,他们提出自己的观点,并试图理解他人的观点,在众多公民之间建立一个相互对话的公共领域。

具体来说,弗斯特所区分的四种社会自主的领域包括:伦理自主、法律自主、政治自主以及道德自主。其中它们的逻辑顺序应该是:法律自主的目标是保证伦理的自主性的实施,让人们过上他们认为值得过的生活;而政治自主是指一个人作为集体的一部分对法律负责。这意味着有平等权利和机

---

[1] Forst R. *Situations of the Self: Reflections on Seyla Benhabib's Version of Critical Theory*, Philosophy & Social Criticism, 1997,23(5):80.

会的正式和实质存在。从这个意义上讲,法律和政治自主在概念上是不可分割的,即人作为收件人和法律作者的观念。没有民主制度化和政治权力的行使,政治自由就不可能实现。因此,政治自主是一种只能作为政治团体成员与他人共同行使的自主形式。最后,在道德自主的层面上,主体只有基于平等考虑他人的理由行事时,才能被称为自主,这些理由才能相互证明。当一个人的行为以道德上相关的方式影响到他人时,他们必须在相互的和普遍的规范基础上被证明是正当的,因此所有受其行为影响的人都可以要求行为人根据"不合理的拒绝理由"证明他或她的行为是正当的,也就是说,这是不对等的,通常是不可接受的。道德人可以要求作为道德主张的自主作者和接受者受到尊重;他有权对违反相互性和普遍性标准的其他人的主张提出反抗。道德自主人承认所有道德人的共同体是正当理由的相关背景。这种语境超越了所有其他传统语境,是一种非常具体的背景。

在弗斯特的理解中,自主的理念(The Conception of Autonomy)是以一个自主概念(The Concept of Autonomy)为前提的。弗斯特的自主概念认为,主体的行为是自主的,也就是说,当主体有意识地、基于理由的时候,他是一个自我决定的人,而不是被强迫或操纵被动接受者。同时,主体知道自己采取行动的原因,在被问到自己的原因时能够"回应",因此对自己负责。这个问题需要区分不同的自主概念,这取决于需要为行动辩护的实际情况。那么,在这些不同的背景下,人们是自主的,在某种程度上,他们能够认识到并采取行动。我们应该在某些情况下考虑人的"处境",但我们不应该认为我们只处于一种语境中,这就是"语境的混淆"。[①]

通过上述分析,我们发现社会自主要求对特定自由的正当性、重要性和优先性有所区别。由于实现和保护个人自主是政治自由的重点,因此,必须根据自主人是否能够承认和证明这有助于他们认为最重要的自主形式,来看待某种形式的自由的每一项权利。正如康德所言,自主是人性尊严与一切理性的基础。[②] 因此,权利和自由不仅在一个自主概念上是正当的,而且

[①] Forst R. *Contexts of Justice: Political Philosophy beyond Liberalism and Communitarianism*, trans. John M. M. Farrell, Barkeley: University of California Press, 2002: 4.

[②] [德]康德著,孙少伟译:《道德形而上学基础》,中国社会科学出版社2009年版,第103页。

在对作为一个自主人的意义上也是正当的。以这种方式整合对自主的不同解释,产生了一个具体的平衡的政治自由概念,可以在特定的政治和社会背景下发展为公民自身的自主观。而这又是政治自由的本质意义。

三、尊严与证成权利

(一) 康德的尊严观

康德的尊严理念认为"每个人都必须受到尊重"。康德的尊严观根植于《道德形而上学基础》中两个经典的论断。第一个是康德在价值和尊严之间建立的区别,"在目的领域,任何物质或主体都有价值或尊严"[①];另一方面,"尊严没有任何的等价物,人的尊严高于任何价值"[②]。除特别强调人的尊严外,康德这段关于尊严的表述暗含了两层含义:其一,相比较任何有价格的存在物,尊严具有绝对的价值;其二,尊严具有不可替代的绝对价值。康德认为,任何存在物的价值都不能与尊严相提并论。如果尊严遭到损毁,我们无法用任何存在物去替代。康德认为,这两个方面必须是同一性的。

第二个延伸到人性的角度,康德认为,作为道德实践理性的主体,是高于任何价值的,因为作为一个人(人的本体)(homo noumenon),他不应该仅仅被当做实现其他目的的手段,而应该成为一个尊严的主体,成为自己的目的,这种以"自我为目的"的尊严观体现了一种绝对的内在价值。通过这种尊严,他要求世界上所有其他理性的人尊重他自己。康德认为主体可以用这种方法来衡量自己,并在与他们平等的基础上评价自己。

于是,康德把这两个论断与道德联系起来。他把道德描述为"人的目的,就是理性自身的目的,因为只有通过道德,才有可能成为目的领域的立法者。因此,道德和人类只要具有道德能力就具有尊严"[③]。这里绝对命令被解释为人类尊严概念的明确表达。正如奥利弗·森森(Oliver Sensen)所说,在人性的公式中,"康德认为人性是自由的。当自由带来道德法则时,应该尊重的是自由或道德高尚的能力。因此,人性就是康德道德法则下的自

---

① [德]康德著,孙少伟译:《道德形而上学基础》,中国社会科学出版社2009年版,第37页。
② [德]康德著,孙少伟译:《道德形而上学基础》,中国社会科学出版社2009年版,第39页。
③ [德]康德著,孙少伟译:《道德形而上学基础》,中国社会科学出版社2009年版,第25页。

由能力"①。也就是说,"尊重他人的要求等同于遵守自己的准则与要求"②。遵循同样的思路,罗杰·沙利文(Roger Sullivan)指出,"我们必须只在有普遍规律的准则下行动……我们意识到,我们必须尊重每一个人,他们是具有尊严的主体"③。

更深一步来说,有学者认为,康德建立在纯粹实践理性的"道德自由"之上的尊严观虽然是道德的尊严,但也是一种有道德的权利尊严观念。④ 可以说,康德的尊严观既具有道德的特征,又具有现代权利的特性。这一点在《道德形而上学原理》中,康德对责任与权利之间的内在关系的论述中进行了解释。康德区分了两种责任,一个是道德责任,另一个是权利责任。一方面,康德认为,仅仅把责任视为道德的善良意志是不全面的。它忽略了康德哲学的维度,限制了康德伦理学的思考空间。那么,从思想逻辑的角度分析,纯粹理性是自主道德人尊严的基础,这种超验的理性基础与经验范围的人格性有所关联,这种从理性到主体人格特征的过程恰恰为康德的法权理论奠定了重要基础。

另一方面,康德的尊严观从道德的尊严发展为权利的尊严,需要明确在康德的意义上,尊严是不是普遍的或者是平等的。康德的尊严观受到启蒙运动和卢梭思想的影响,认为普通的主体依然享有平等的尊严。那么,康德是如何做到尊严的普遍性的呢?康德的方法就是强调主体理性的自律并不是某个人所特有的,这是人类理性主体共同的特征,具有同一性以及普遍性。正是这种道德特征,使得每一位理性存在者都有能力成为道德的主体。并且康德认为,这种能力在某些时候不一定在现实中发挥作用,而是作为一种潜在先天的禀赋存在于主体内部。因此,康德的尊严观具有普遍的效力,每一个主体都有其各自的尊严,无论是对于具有理性之人、短暂失去理性之人或是具有潜在理性之人。故而,康德建立于实践理性基础之上的尊严观,

---

① Sensen O. *Kant on Human Dignity reconsidered*, Kant-Studien, 2015, 106(1):107-129.
② Sensen O. *Kant on Human Dignity reconsidered*, Kant-Studien, 2015, 106(1):107.
③ Sullivan R. *Immanuel Kant's Moral Theory*, Philosophical Review, 1992, 101(4):867.
④ 刘静:《有道德的权利尊严如何可能——以道德为基础的康德尊严理论》,《道德与文明》2015年第2期。

具有普遍与平等的道德特征,从而使道德尊严观念转换为权利尊严观念成为可能。

(二)尊严是证成权利的道德基础

只有在康德的哲学中,我们才能找到弗斯特理论中人的先验和不可侵犯的道德尊严。康德认为,人之生命的最高价值就是人的尊严。在弗斯特的意义上,人的尊严是"证成权利"的基础。[①] 弗斯特对于尊严的概念作出了如下的解释:"拥有尊严意味着在正义的主体和权威的领域里成为一个平等的成员……有尊严地行动意味着能够为他人辩护;按照这种尊严被对待意味着作为平等的一员受到尊重。"[②]

弗斯特强调,在社会、经济和政治互动中,尊严所体现的基本伦理价值往往被忽视。现实往往呈现出不同的图景:发达国家的公民、政治家和经济领导人将关键问题置于不公正或不公正的状态,缺乏保障人权与弱势群体的机制,这是对人类尊严的侵犯。那些没有发言权的人被明确排除在话语参与者之外,因此他们的尊严得不到承认。

"证成权利"是一种维护道德人尊严的道德权利。通过强调人的尊严,就是强调主体有道德责任去承认他人是具有尊严的人,而不是通过特定的规范或者准则约束而产生。弗斯特认为,道德义务和正当权利表达了尊重他人作为目的的平等规范权威的深刻含义。因此,尊严是"证成权利"的基础[③]。它是表达每个道德人作为平等和自主的规范权威地位的术语。弗斯特对于康德绝对命令的重建相当于建构一种"正当理由",这种理由遵循普遍性与相互性的证成原则。正当的理由是从承认他人的尊严产生,而不是从自己的主观理性能力的认识中产生。也就是说,不是强调自我尊严,而是强调对他人的尊严。因此,"证成权利"是一种维护他者尊严的道德权利。弗斯特强调人的尊严,其背后的动机是由一个准则的无条件和理性道德基

---

① Forst R. *Justification and Critique*: *Towards a Critical Theory of Politics*, trans. Ciaran Cronin, Cambridge: Polity Press, 2013:108.

② Forst R. *Justification and Critique*: *Towards a Critical Theory of Politics*, trans. Ciaran Cronin, Cambridge: Polity Press, 2013:101.

③ Forst R. *The Right to Justification*: *Elements of a Constructivist Theory of Justice*, New York: Columbia University Press, 2012:209.

础衍生出来的,这一准则是由实践理性决定的。故而,弗斯特重建康德的基础是"尊重人",而不是"尊重法律"。弗斯特认为,它们的区别不在于人们的道德行为的效果,而在于行为背后的动机。因为,承认一个人在道德上的行为动机不是来自对道德法的认识,而是来自承认其他人是同样自主和脆弱的生物。因此,这种认识不是由理性以先验的方式支配的,而是一种后天习得的洞察力。其结果是,承认一个人在道德上的行为义务的动机不是来自对积极法的承诺,而是来自于承认其他人是同样自主和脆弱的生物。因此,这种认识不是由理性以先验的方式支配的,而是一种二阶的主体间的实践洞察力。也许弗斯特隐含地依赖于卢梭关于人的完美性的概念,他写道:"道德确实是一种相互的成就。"①

第二节 人与社会的关系:"证成权利"的道德确证

上一节主要从人的可证成性、自主性以及尊严观这三方面阐述了弗斯特的主体间的"证成权利"。在此基础上,这一节将进一步追问主体间的"证成权利"如何在不同的社会语境中发挥规范性的作用。弗斯特把人与社会的证成关系分为四种规范语境:伦理证成、法律证成、政治证成以及道德证成。弗斯特认为,在不同的语境中,人们面临着各种语境的自主准则,它们相互联系,却又不可相互简化或替代。正是这种人与社会的证成关系的递归性分析,最终构建起"证成权利"的道德确证。

一、伦理人与伦理证成关系

伦理问题是一个人作为特定伦理共同体成员如何追寻美好生活的问题。伦理关系的规范有效性是有限的,它仅对那些认同特定价值观和利益观的特定群体成员起作用。② 弗斯特认为,伦理共同体是身份共同体、价值

---

① Forst R. *The Right to Justification: Elements of a Constructivist Theory of Justice*, New York: Columbia University Press, 2012:113.
② Forst R. *The Right to Justification: Elements of a Constructivist Theory of Justice*, New York: Columbia University Press, 2012:28.

共同体,其中人的身份是在"我"和"我们"之间的张力中形成的。一方面,伦理共同体不能忽略个人的身份。另一方面,人们"属于"给予他们"位置"的伦理共同体。[1] 伦理共同体是基于一种共同的善观念的领域,这种善观念以一种道德上"厚重"的语言将个人和集体的身份以一种生活方式联系起来。伦理共同体越"接近"和越稳定,人们就越强烈地认识到彼此是不可取代的成员和独特的个体。在弗斯特的意义上,伦理共同体赋予了一个人生命的意义。伦理共同体能将一个人的过去、现在和未来,以及他或她与世界的联系和角色关系,形成一个叙事统一体。

在这里,本哈比(Seyla Benhabib)把自我与他者关系作了这样的描述:在这种关系中,自我被认为是"具有具体历史、身份和情感构成的个体"[2],在这种关系中,一个人感觉到被承认和确认为一个具体的具有特定需求、才能和能力的个体。在这种情况下,一个人的个性得到了认可,而创造这种认可的伦理团体的纽带是"爱、关心、同情和团结"。伦理尊重(Ethical Esteem)是一种个人尊重(Self-esteem),是对个人自我伦理价值的承认。主体只承认自己的特殊和独立性,不需要公开的法律、政治辩护。在这里,弗斯特把承认的具体形式称为针对自己的"自尊"(Esteem),而不是针对他者的尊重(Respect)。在这里,一个人或一个特殊的群体被视为一种特殊的或不可忽视的关系。

弗斯特认为,伦理人与伦理共同体的证成关系包括三个层次:主观、主体间、客观。首先,主观层面强调,一个人可以证明自己与"重要的人"之间的关系。因为这些决定通常是在伦理团体(如朋友、家人)的背景下做出的;伦理问题是与他人一起回答的,但最终必须为自己回答,由自己来回答。这就是伦理自主。其次,主体间层面意味着,伦理证成性涉及对有特定伦理联系的人之间采取适当的互动行为的问题。最后,伦理证成关系的客观性意味着伦理共同体成员反思自己的身份,重新确定共同体的特征。在这里,需要实践理性的运用,将团结和忠诚与批评能力结合起来,并将自己的观点与

---

[1] Forst R. *Contexts of Justice*: *Political Philosophy beyond Liberalism and Communitarianism*, trans. John M. M. Farrell, Barkeley: University of California Press, 2002: 5.

[2] Benhabib S. *Critique*, *Norm and Utopia*, New York: Columbia University Press, 1986: 56.

共同体及其福利内在地联系起来。很明显,伦理论证关系的空间是三维的,也就是说,评价的主观、主体间和客观方面在这里结合在一起:关于"我"的善与关于"我们"的善观念交织在一起,并且总是与对善"本身"的思考联系在一起。

二、法律人与法律证成关系

法律人的概念抽象了伦理人的个性和具体身份。在法律语境下,每个人都有同样的权利和义务,并要求作为一个法律上自主的权利人受到尊重。伦理人的基本权利需要在法律的抽象层面上予以确定和制度化。法律尊重(Legal Respect)是法律人对他人的个人尊重(Self-respect),或者说,是对于伦理人的保护,并且是个人对法律的遵守,是法律的接受者。①

弗斯特认为,法律的证成关系与伦理的证成关系既有一定的联系但又有不同。拥有平等权利的法律人概念实质上包括一个伦理人的自由自我。弗斯特认为,这两种概念在这种复杂的关系中彼此连接,为了避免关于伦理和法律之间关系的错误结论,必须考虑以下几点:

第一,与伦理人的伦理共同体的主体构成角色不同,法人位于权利和义务的法律共同体的平等承认中。法律是实现消极个人自由的行为,而伦理人是积极自我实现意义上的自由。法律人在法律共同体中实际上是保护了伦理人的基本权利。

第二,法律共同体作为保护伦理人的领域,反映了伦理身份的脆弱性,法律并不对伦理身份强加预先设定的身份,而是保护伦理人能够在自我决定和公平的条件下发展自己的善的观念。这是法律共同体对法律人提出更高要求的规定。

第三,法律共同体中的"法律中立"应理解为普遍证成原则意义上的"中立",而不是"后果中立"或政治话语的"中立"。② 这种中立并不排除任何人

---

① Forst R. *Contexts of Justice: Political Philosophy beyond Liberalism and Communitarianism*, trans. John M. M. Farrell, Barkeley: University of California Press. 2002:287.

② Forst R. *Contexts of Justice: Political Philosophy beyond Liberalism and Communitarianism*, trans. John M. M. Farrell, Barkeley: University of California Press. 2002:234.

的身份,并且没有"种族歧视"或"性别歧视"。弗斯特认为,法律共同体对伦理身份的保护就是要对伦理价值保持中立。

如果我们把这种法律共同体理解为特定伦理身份的"保护层",那么权利就有了不同的含义,即它们不会将个人权利的承担者彼此分开,而是保护脆弱的身份,以便这些人能够在伦理社会中自由发展。因为如果我们认为法律人的任务是以平等的方式确保和促进特定伦理身份的发展,从而既不偏袒也不歧视某些生命形式,那么这种形式上的"保护罩"必须向特定个人(或团体)的主张敞开。

在法律关系中,法律的规范性来自政治社会中的立法过程,基本权利与义务构成了法律层面上社会基本结构的基础。法律具有强制性,强制依法行事是一种由外部而非内部制裁支持的强制。然而,这种强迫是以法律意识为前提的,即尊重他人,使之成为同等权利的法人。在法律共同体中,人们是平等的,他们有一定的权利和义务。法人有遵守法律的义务,对自己的违法行为承担责任。法律人地位是平等的地位,但这并不意味着对差异视而不见,而是实质上承认平等权利。因为生命是特殊的,法律必须是普遍的,对所有人都是平等的。简言之,一方面,法律对伦理具有包容性,考虑差异;另一方面,法律以合法的方式证明其强制性和召唤性。

因此,在弗斯特看来,法律共同体是对伦理人的保护,并且使一个国家内的多个伦理共同体成为可能。法律的证成关系意味着,法人可以通过诉诸既定法律条款下的"合法"行为而为彼此的伦理身份证成。

三、公民与政治证成关系

弗斯特要求在法律证成关系的基础上扩大视野,将公民的法律语境纳入民主合法化的政治语境之中。公民作为政治共同体的成员,是具有政治和社会权利的人。在公民的政治证成关系中,公民的政治责任(Political Responsibility)是一种二阶自我尊重(Second-order, Self-esteem),它承认伦理的差异、法律和社会平等,并且强调自己是政治共同体中享有同等权利的成员,不仅仅是法律的接受者,更是政治社会的创造者。

与自然法中对法律人核心的概念形成鲜明对比的是,这一概念在积极法中得到了体现。弗斯特认为,这个核心必须在政治共同体中得到相互的普遍合理的确定。此外,法律规范不仅必须是合理的,在制度上得到肯定,而且还要在政治社会的实践中实现。法律的普遍性要求必须在政治话语中得到兑现和合法化。公民认为自己是共同负责的政治整体的一部分,是法律的合著者和有权享有个人和政治自主权同等"价值"的公民。在政治意义上,责任具有话语意义,公民相互回应,相互负责,共同负责。

同时,传统的伦理纽带日渐瓦解,这需要更多的政治社会团结和民主自觉。政治共同体与其说是一个伦理共同体,不如说是一个保障个人权利的共同体。公民之间的团结不是建立在共同的道德价值观念之上,而是相互承认作为公民享有充分成员资格的权利,即保护公民不受法律、政治或社会排斥的权利。[①] 政治共同体是一种所有公民都享有的公共利益体,政治规范的有效性也依赖于公民的实践参与。只有这种公民实践参与的普遍性才能支持对法律合法性的要求,并使公民在政治上承担相应的权利与义务。政治共同体中的权利与义务是自我主人翁意识的体现。因此,在公民和民主的政治层面上,证成关系的问题主要指对政治共同体普遍有效的规范的相互证成,是公民作为政治社会创造者的自主立法权。

正如弗斯特所表明的那样,交流论点和相互承认对方观点的主要领域是政治的领域,在这个领域中,如果没有一个民主的法律结构为不同观点敞开大门,那么上述解释的法律理念是无法实现的。公民的政治共同体不同于伦理和法律的领域,公民的政治共同体不是一种伦理尊重的模式,但它比单纯的法律尊严更为强烈,它是一种相互责任感,将公民作为政治共同体的一员联系在一起。从这个意义上说,他们认为自己是公共话语中负责任的参与者,他们必须为自己的主张提供公共认可的正当理由。

四、道德人与道德证成关系

弗斯特认为,人与社会的证成关系从伦理、法律以及政治上讲最终可以

[①] Forst R. *Contexts of Justice: Political Philosophy beyond Liberalism and Communitarianism*, trans. John M. M. Farrell, Barkeley: University of California Press, 2002: 89.

发展为一个全人类联合的道德共同体。道德共同体的规范性具有普遍约束力,所有的社会成员都应该遵守,这是一个应该如何作为"人"的问题。道德的尊重(Moral Respect)超越了特定共同体的所有成员,是对他人的尊重和被他人尊重道德规范的接收人和作者,是普遍人类"同胞"社会的代表,并且遵循相互和普遍的正当性原则为自身辩护。弗斯特遵循康德的"人是目的"的理念,把道德人的道德证成关系确立为"证成权利"的基础。

道德自主者尊重自己和他人作为道德有效性主张的作者和接受者。道德责任意味着承认每个人都有相互辩护的基本权利。作为一个道德团体的成员,每个人都是一个道德"权威"。弗斯特认为,主张规范有效性的话语具有多个领域,他们发展了自己的辩护和论证模式以及自己的评价标准,但这不应该与道德发展的原则相矛盾,伦理、法律和政治领域相对独立于道德,而其中主要的领域是道德语境。一个想要普遍的正义理论必须基于对道德领域的考虑。道德的哲学基础使得对伦理、法律和政治问题的评价成为可能,这些语境也可以有不同的文化形态,它们都与道德原则相兼容。弗斯特认为,道德的观点必须是优先的[1],可以说道德是一种终极概念。伦理、法律和政治规范可以在各自语境下得到证成,但他们不能违背道德的规定,道德语境是其他三种语境的最终背景。

在道德语境中,道德证成性关系遵循被视为普遍性和相互性的证成原则。这是一个"相互和普遍性的门槛",这一普遍和相互辩护的原则,反过来又符合道德人所拥有的获得辩护的道德权利,相应地,也符合为道德上相关的规范和行为辩护的义务。道德人有正当理由的道德权利,在理论上等同于所有道德人都有"否决权",反对那些不能以普遍性和相互性理由为正当理由的规范和行动,道德人有权只服从那些不能合理拒绝的准则和行动。[2]所有人的共同体构成了道德辩护的语境。这意味着,道德人必须能够向每

---

[1] Forst R. *Contexts of Justice: Political Philosophy beyond Liberalism and Communitarianism*, trans. John M. M. Farrell, Barkeley: University of California Press, 2002:126.
[2] 对于这一点,弗斯特通过识别和描述术语"相互性"和"普遍性"来指定斯坎伦对术语"合理"的用法。参考 Scanlon T. *Contractarianism and Utilitarianism*, in *Utilitarianism and Beyond*, ed. Amartya Sen and Bernard Williams, Cambridge: Cambridge University Press, 1982:116.

个人证明自己的准则和行动是正当的,无论他们是否有共同的道德或政治背景。

弗斯特的情境性的普遍主义其实是对政治社会施加了两种基本的道德限制。第一种是内在限制。这种限制尊重每个人对其所属共同体的"证成",这种"证成"是被所有人共同分享的证成理由。这一过程并非对不同共同体的人们施加自我理解与生活方式的实质压力,而是寻求更多的认同与支持。第二种是外在限制。这种限制不仅要在各个共同体中得到成员间的支持与证成,还要在道德层面上满足最基本的道德要求,而不能以伦理共同体的伦理生活作为道德规范的唯一依据。所以,在弗斯特看来,一方面,道德规范的普遍性的证成过程离不开各种语境的具体情境,道德的普遍性要在具体情境中寻求依据。另一方面,道德规范的普遍性并非严格遵循各种语境的依据,有时道德规范的证成要求对不合理的规范语境进行修正。

总之,从伦理的自尊(Ethical Esteem)、法律尊严(Legal Respect)、政治责任(Political Responsibility)到道德尊重(Moral Respect),弗斯特递归地重新构建起了道德规范秩序的各个语境层次。[1] 通过这四种证成关系,弗斯特为我们展现了人在各种共同体中是如何展现彼此间"证成权利"的。这意味着在这四种语境中,人们发现自己既是规范秩序证成关系的创造者,又是规范秩序证成关系的维护者:首先,在伦理语境中,人们被社会化为某些共同纽带和义务的伦理人;第二,法律语境旨在为法律的作者和制定者的"伦理身份"提供合法住所,即法律主体和法人;第三,在政治语境中,个人被视为立法的积极创造者,从而为法律平等和自由辩护;第四,在道德语境中,人们享有平等道德权利的尊严。在各种语境中,人既是独立、自主的个体,又是有所属地位的共同体成员。正如弗斯特所说:"这些规范性维度具有语境的约束和语境的超越性,既没有绝对化任何特定的规范性维度,又将同一性与差异性结合起来。根据这一理论,以适当方式将这些背景结合在一起的社会

---

[1] Forst R. *Contexts of Justice: Political Philosophy beyond Liberalism and Communitarianism*, trans. John M. M. Farrell, Barkeley: University of California Press, 2002:283.

可以称为正义的社会。"①

第三节 "证成权利"作为道德规范性基础的分析

从上文的分析中,我们发现"证成权利"具有语境规范性的特征,它们在不同的证成关系中发挥了重要作用。然而,这种人与社会的证成关系引发我们进一步思考:"证成权利"是如何超越具体的社会情境,并仍然具有普遍的客观性及有效性的呢?这显然成为弗斯特"正义的证成"观念亟须解决的问题。本节将从"证成权利"作为道德规范性基础的必要性、可能性以及客观性这三个方面为"证成权利"进行辩护。

一、"证成权利"作为道德规范性基础的必要性

关于"证成权利"作为道德规范性基础的必要性的论证,我们首先要解决一个问题,那就是,"我们为什么需要道德的证成观念?"②索伦·克尔凯郭尔(Søren Kierkegaard)在其著作《非此即彼》(*Either/Or*)中提出了类似的问题。③他试图使传统的基础主义道德观受到质疑。在其著作中,他说,我们面临着人们的双重性:主体"A"通过写给未指定受众的文章来提倡伦理的生活方式,而法官则通过写给主体"A"的回信说服后者摒弃前者,并致力于道德生活方式。在这两种生活方式之间,应该如何选择?我们为什么要选择道德呢?关于这个问题,根据麦金泰尔的说法,对于一个面临选择的人来说,他(她)实际上没有理由采用其中的任何一个,因为"假设有人在两者都尚未接触的情况下面临这种选择,他(她)没有理由偏爱其中任何一个。因为如果一个特定的理由支持道德生活方式,那些尚未接受道德的人,仍然无法确定是否把道德当作某种最终的选择。对于一个人来说,选择自己的生

---

① Forst R. *Contexts of Justice: Political Philosophy beyond Liberalism and Communitarianism*, trans. John M. M. Farrell. Barkeley: University of California Press, 2002: 5.
② 关于这个问题的讨论,本书参考了 Zhuoyao Li. *The Public Conception of Morality in John Rawls' Political Liberalism*, Ethics & Global Politics, 2016, 9(1): 7-12.
③ Kierkegaard S. *Either/Or: A Fragment of Life*, trans. Alastair Hannay, London: Penguin Classics, 1992: 12.

第二章 "证成权利"作为规范性基础的道德确证

活是由伦理还是由道德来指导,在任何一种情况的选择都不能是理性的选择"①。实际上,麦金太尔把这个问题放在权威的角度。根据麦金太尔的观点,道德是"被呈现为一个领域,在该领域中,原则对我们具有权威,而与我们的属性、偏好和感受无关"②。但问题是道德的权威从何而来?由于"A"没有任何理由偏爱道德而非伦理,很难想象道德对"A"有什么权威,这意味着他可以随时自由地放弃道德观。因此,麦金太尔得出了一个有争议的结论,即道德的选择必须是武断的。

麦金太尔的解释引发了来自各方面的批评。人们普遍认为,麦金太尔对"道德的无标准的选择"的解释是不准确的。例如,约翰·达文波特(John Davenport)认为,在伦理和道德之间的选择中,最重要的不是"A"做出有效选择的理由,相反,它主要是关于"A"是否有可能发展出达文波特所称的具有认知能力的"意志条件",足以激发"A"做出道德选择。③ 另外,根据哈里·法兰克福(Harry Frankfurt)在一阶欲望和二阶意志之间的区别,达文波特坚持认为,在伦理视角和道德视角之间的选择实际上就是选择放任自流,还是成为自主的"人"。④ 从这个角度来看,麦金太尔得出了错误的结论,因为"拥有自我,或成为一个能够承担道德责任的人,主要取决于一种特定的个人内

---

① MacIntyre A. *After Virtue: A Study in Moral Theory*, Notre Dame: University of Notre Dame Press, 2007:40.
② MacIntyre A. *After Virtue: A Study in Moral Theory*, Notre Dame: University of Notre Dame Press, 2007:41.
③ 这是达文波特为回应麦金太尔而提出的三个论点之一。对于另外两个论点可以参考 Davenport J. *The Meaning of Kierkegaard's Choice between the Aesthetic and the Ethical: A Response to MacIntyre*, in *Kierkegaard after MacIntyre: Essays on Freedom, Narrative, and Virtue*, eds. John Davenport and Anthony Rudd. Chicago and La salle: Open Court, 2001:75-112.
④ 根据法兰克福的说法,除了希望、选择和被感动去做这件事或那件事外,"人们也可能希望(或不希望)有某些欲望和动机",根据某些原则或标准,这些原则或标准不能归结为这些欲望和动机。这个更高层次的意愿去经历我们的基本欲望和动机被法兰克福称为二阶欲望或二阶意志。基于这一区别,法兰克福引入了"瘾君子"的概念。他有一阶欲望,但也有二阶意志阻止他对一阶欲望保持中立,这种冲突的欲望是由其二阶意志决定的,而肆意"瘾君子"的身份是由其缺乏二阶意志决定的。对法兰克福来说,一个拥有完整意志结构的人必须同时表现出一阶欲望和二阶意志。Frankfurt H. *Freedom of the Will and the Concept of a Person*, in *the Inner Citadel: Essays on Individual Autonomy*, ed. John Christman, Oxford: Oxford University Press, 1989:63-76.

在意志关系"①。做出最初选择并开始形成意志认同的人,是在自己的意愿范围内主观运用这些戒律,或是赋予它们个人的相关性。②

但是,达文波特的批评并没有成功,因为即使他对原始选择的描述是准确的,也只能解决麦金太尔关于理性选择的论点的缺陷。学者们又提出了一个实质性的问题:为什么要道德? 根据弗斯特的康德式道德观点:以原则性的方式提出"为什么要道德"这个问题的人不仅未站在道德的立场上,而且也无法成功回答这个问题。因为提出这个问题本身是多么荒谬的,它要求一种无法基于道德观点的理由。弗斯特认为,上述多重原因的追寻表明,恰恰这些原因不能是决定性的,因为这些原因多数是对利益的满足或价值的实现,甚至是对道德采取假设性的观点,因而达不到道德要求。正如弗斯特所说:"如果一个涉及到明确约束规范的道德概念与一个把道德的'应该'追溯到一种'想要'的规范性的概念相联系,无论它的经验基础是什么,只有假言命令才能产生,那么,按照这一逻辑,它将自己置于一个手段性的答案,那么道德的'自主'证成就不可能赋予后者以产生'非手段性动机'所需要的那种有效性。"③简而言之,问这个问题的人根本没有接受道德观点,而认识到这个问题实质的人则看到了问题的荒谬性。④

对于一个康德主义者来说,弗斯特忠实于康德的道德自主的最初见解。首先,没有比道德更高的权威;其次,道德自主性要求道德不能有外在的动机,道德行为的动机只能来自于道德行为。根据康德的道德哲学,其他理由都不能使人具备真正道德的资格。面对多元合理的道德基础,行为人必须在其中选择什么样的标准?

对于"为什么要道德"这个问题,弗斯特区分了人的两种洞察能力。一

---

① Frankfurt H. *Freedom of the Will and the Concept of a Person*, in *The Inner Citadel: Essays on Individual Autonomy*, ed. John Christman, Oxford: Oxford University Press, 1989:87.
② Frankfurt H. *Freedom of the Will and the Concept of a Person*, in *The Inner Citadel: Essays on Individual Autonomy*, ed. John Christman, Oxford: Oxford University Press, 1989:88.
③ Forst R. *The Right to Justification: Elements of a Constructivist Theory of Justice*, New York: Columbia University Press, 2012:43.
④ Forst R. *The Right to Justification: Elements of a Constructivist Theory of Justice*, New York: Columbia University Press, 2012:33.

阶规范洞察力是人们对正当的基本道德义务的洞察力,二阶实践洞察力是道德的人应该如何为他们的行为辩护。① 道德规范性的本质在于"承认"洞察,在认知和实践意义上的"承认"(Wahrnehmen)。如果没有这种洞察,证成的原则将悬在空中。对于"A"来说,即使他(她)默认了原始选择的重要性,并且自愿地准备做出选择,他(她)仍然需要在二阶实践层面上对"为什么要有道德"这个问题上做出选择,然后其行为才能在一级洞察的道德义务中有意义。弗斯特强调说:"即使所有的道路都通向目标,我们仍然需要说明为什么我们选择这条道德基础的道路而不是其他道路。"一种基本道德洞察,不仅是对"什么是道德"的洞察,而且是对"如何实践道德"的洞察,也就是说,不仅是对正当性原则的洞察,更是对正当性原则所对应的无条件义务的证成性的洞察。这意味着认识到一个人作为一个自主的人对他人负责,没有任何进一步的理由。②

根据弗斯特,道德有效性要求必须具有两层含义:一是一种可普遍化的原则;二是要求一种特定、具体的规范判断。至于两者之间的关系,也不是哈贝马斯所理解的衍生关系。弗斯特认为,它们两者是相互促进、彼此发展的,因为"确立一个具有道德规范性的具体行动并非看它是否与具体的规范有效性相符合,而是把道德规范置于某些具体的特定情境中,并对相关的道德规范的有效性进行考察,从而区分伦理、法律、政治以及道德的问题"③。因此,弗斯特强调,规范性的证成并不涉及道德奠基的问题,而是涉及道德规范性的实践问题,即在何种语境下使用什么样的道德规范性的理由才合理的问题。只有在实践的层次上放弃一种终极的奠基基础,才能在具体的语境中最大程度地追求正义。

上文中分析了西方学者对多元世界规范性基础的争论。科尔斯戈德(Christine M. Korsgaard)曾经在他的著作中总结了寻求"规范性"根源的主

---

① Forst R. *The Right to Justification: Elements of a Constructivist Theory of Justice*, New York: Columbia University Press, 2012:35.
② Forst R. *The Right to Justification: Elements of a Constructivist Theory of Justice*, New York: Columbia University Press, 2012:35.
③ Forst R. *The Right to Justification: Elements of a Constructivist Theory of Justice*, New York: Columbia University Press, 2012:56.

要观点,例如,第一,遵循权威的意志论(例如普芬道夫或者霍布斯的观点);第二,寻求道德事实的实在论(例如摩尔、内格尔的观点);第三,解释人性的道德基础(例如密尔、威廉姆斯的观点);第四,主体自主论(例如康德与罗尔斯的观点)。[1] 从中我们可以发现,学者们的意图与其说是寻找道德规范性的基础,不如说是追寻回答规范性基础问题的道德合理性要求。然而,全球多元化的发展不断充斥着哲学的普遍性观念,科学技术的发展也需要我们反思现代性给我们带来的教训。于是,从这种人类文化的角度来看,我们不可避免地陷入了后形而上学与科学发展的时代,我们不能局限于传统形而上的沉思,也不能禁锢于上帝与神话的谱系研究,我们只能依靠具有理性主体的"证成权利"。当然,我们不能妄断自己的主观性是对的、他人的是错的,弗斯特认为,对于道德规范基础的思考必定要根据人类多样性的文化为素材,在多元文化的语境中,"证成权利"作为具体规范性要求的规范基础必须是不可拒绝的。

二、"证成权利"作为道德规范性基础的可能性

既然"证成权利"作为道德规范性基础具有必要性,那么弗斯特是如何确证其作为道德规范基础的可能性的呢? 弗斯特断言,道德的规范基础应该以一种更具语境性的、以"证成权利"的关系为导向的方式进行,而不是依赖于无可置疑的权威和规范。弗斯特语境的普遍主义观点是他在试图解决自由主义与社群主义的纷争中产生的。从社群主义的代表人物桑德尔对罗尔斯"不拘束的自由人"[2]批判开始,弗斯特认为,桑德尔的批判其实是"情境误置"[3],并且弗斯特还认为,桑德尔没有注意到罗尔斯的政治自由主义所寻求的是不同认知或善的证成确证。[4] 弗斯特指出,在不同的语境中,规范性

---

[1] 关于科尔斯戈德的分类详情参考科尔斯戈德:《规范性的来源》,上海译文出版社 2010 年版。
[2] [美]桑德尔著,万俊人等译:《自由主义与正义的局限》,译林出版社 2001 年版,第 35 页。
[3] Forst R. *Contexts of Justice*: *Political Philosophy beyond Liberalism and Communtarianism*, trans. John M. M. Farrell, California: University of California Press, 2002:17.
[4] Forst R. *Contexts of Justice*: *Political Philosophy beyond Liberalism and Communtarianism*, trans. John M. M. Farrell, California: University of California Press, 2002:25-29.

基础的确立必须区分不同主体以及共同体的善观念。道德规范的基础遵循哪种观念的优先性取决于各种语境中的不同对象。按照弗斯特的说法,"正当与善的优先权一旦在语境中得到确定,那么这种优先性就具有了普遍性的特征"①。因此,"正当"能否优先于"善"还是要取决于具体的情境,既不能深陷社群主义的情境中,又不能沉浸在无视语境的自由主义中。同时,霍耐特也表示了同样的关切,他认为:"当代政治哲学的发展最受制约的因素就是理论与现实的脱节,而哲学家对于试图超越这种纯粹规范性的批判冲动,以及重建社会分析的努力也从来没有停歇过。为了克服规范性基础的形而上学的道德诠释,我们需要做的就是要再去实践中证明这些语境性质的普遍主义是否是合理的。"②事实上,对于这一问题,学术界强烈反对抽象性的普遍主义的批判立场,尤其是女性主义以及后现代主义的学者提出了反对的共同诉求:第一,对那些普遍主义的男性自我的理想的批判;第二,对普遍主义遇到具体情境而无能为力的批判;第三,对普遍主义所阐述的理想状态的质疑。③

从客观角度讲,这些批评都很有道理。现在越来越多的学者们意识到,启蒙以来的抽象理性已经难以担当作为道德规范性基础的重任了,我们需要在理性与现实之间,在语境主义与普遍主义之间寻求另一种平衡。④ 从这个层面来分析,弗斯特语境的普遍主义尤其受到了弗雷泽"重述的普遍主义"⑤(Reiterative Universalism)观念的启发,它就是弗斯特的实践证成理念,一种将个人自决与共同体联系起来的应用。弗雷泽认为,道德规范性本身就是复杂的,这就决定了它无法通过一套抽象的规则一劳永逸地建构起

---

① Forst R. *Justification and Critique: Towards a Critical Theory of Politics*, trans. Ciaran Cronin, Cambridge: Polity Press, 2013:112.
② [德]霍耐特:《自由的权利》,社会科学文献出版社2013年版,第11页。
③ Benhabib S. *Situating the Self*, Cambridge: Polity Press, 1992:3-5.
④ [美]拉莫尔著,刘擎、应奇译:《现代性的教训》,东方出版社2010年版,第51—68页。
⑤ Forst R. *Contexts of Justice: Political Philosophy beyond Liberalism and Communitarianism*, trans. John M. M. Farrell, Berkeley and Los Angeles, California: University of California Press, 2002: 155.

来。① 弗雷泽区分了厚与薄两种道德形式。所谓"薄"指的是陌生人之间的道德普遍特征,是"最小的道德律";而"厚"则指的是伦理生活的普遍性特征。厚与薄的道德普遍性特征可以互相补充。此外,沃尔泽还反对一种观点,即把道德多样性解读成厚的道德普遍性在薄的道德普遍性中的情境再现。② 弗雷泽认为这是不全面的。道德本身就存在于厚的道德规范中,它在特定的历史文化中整合形成彼此的共鸣,基于特定的目的才表现为薄的道德规范性。弗斯特认为,弗雷泽的这种重述式的普遍主义已经摒弃了情境主义与普遍主义的对峙状态,承认了多种道德有效性的解释,体现了道德规范性的宽容与尊重。其实,弗斯特强调,重述普遍性的实质就是承认道德人的政治与法律地位。

因此,弗斯特语境的普遍主义也强调了道德规范性的厚与薄的相互作用。一方面,道德人区别于个人的伦理身份、法律主体以及公民,而是作为人类社会的纯粹成员。道德规范是指在共同人性的背景下,对一个人,也可以对所有的道德人所做出的一般行动决定。这一方面体现了其普遍性;另一方面,道德人的概念超越了伦理、法律与政治之间的复杂性,实现了道德行为的证成性问题,这确实是在具体环境中采取的行动,但其"证成权利"关系需要共享的理由,而这些理由在伦理、法律与政治环境之间(例如,在陌生人之间)也是有效的。③

同时,弗斯特也认为,这种语境性的普遍主义绝不是在想象的真空中,也不是通过罗尔斯的思想实验,而是通过在公共生活中的实际对话来实现的。为了克服"广义的"他者的公共立场和"具体的"他者的个人立场之间的分离,弗斯特的"语境普遍主义"理念强调人是不同的,每个人都处在一个特定的主体间语境中,每个人都有一个不同的人生故事。因此,统一道德规范基础的有效答案必定是一种道德对话的形式,在这种对话中,具体的人在他

---

① Walzer M. *Thick and Thin*: *Moral Argument at Home and Abroad*, Indiana: University of Notre Dame Press,1994:4.
② Walzer M. *Thick and Thin*: *Moral Argument at Home and Abroad*, Indiana: University of Notre Dame Press,1994:6.
③ Forst R. *Contexts of Justice*: *Political Philosophy beyond Liberalism and Communtarianism*, trans. John M. M. Farrell, Berkeley: University of California Press, 2002:156.

们所有的特殊性中彼此相遇,为了达成有效的规范,必须达成一种对话协议,其前提是汉娜·阿伦特根据康德的"反思"概念所解释的"扩大的思维方式"。阿伦特认为,为了行使基本的道德判断能力,一个人必须把自己放在所有其他人的立场上,也就是说,一个人必须考虑到他们的特定权利观点。在本哈比(Seyla Benhabib)更有力的表述中,这意味着"向自己展示他人的观点是什么或可能是什么,以及我是否能够以我的自主方式征求他们的同意"①。弗斯特认为,"观点的可逆性"是语境普遍主义的核心,因此,一方面意味着一个人实际上遇到了一个具体的和不同的人,而另一方面,它意味着这种遭遇通过相互对话,导致了实际产生的观点的可能性,这样一个人就能明白他或她是怎么想的,以及他或她和我之间的区别是什么。这种道德规范性也意味着主体间的相互尊重,把自己和他人视为"构成"的主体,它们不仅仅是形式上的相互尊重,更是某种形式的关心和团结,这取决于关系的性质和具体情况相关人员的需求。这种能力是不同文化、性别和不同经济地位国家的人所共有的。弗斯特提醒我们要注意的是,这种道德的重叠共识决不是预设道德的唯一真实的基础,而是人的本性暗示了"道德最低限度"的基础。② 因此,"证成权利"作为道德规范性的基础是可能的。

但人们可能会怀疑,既然"证成权利"作为道德规范性的基础不再站在任何实质性的基础上,那么它是否仍然具有道德规范基础的客观性?公共的道德观念不会因为毫无根据而无能为力吗?在下一部分中,本书将说明,作为道德观核心的"证成权利"仍然可以保持其客观规定性。

三、"证成权利"作为道德规范性基础的客观性

对道德规范的客观性的话题,众多学者都曾经表示了对其客观性的怀疑。牛津大学学院哲学家麦基(J. L. Mackie)教授认为,在一个复杂的社会中,不同群体和阶级之间的道德信仰也有差异,道德多样性的最好解释是客观道德价值是不存在的。③ 俄亥俄州立大学加纳(Richard Garner)教授认为,

---

① Arendt H. *Essays in Understanding*, New York: Harcourt Brace, 1993:137.
② [美]拉莫尔著,刘擎、应奇译:《现代性的教训》,东方出版社2010年版,第21—25页。
③ Mackie J L. *Ethics: Inventing Right and Wrong*, London: Penguin Books, 1990:525.

"如果道德事实是中立的,那么道德判断将是客观的,而不是规定性的"①。另外,如果道德事实的价值来源于主观,那么道德的命令就是规定性的,而不是客观的。虽然我们对道德概念的一般运用需要客观和规范性,但很难相信客观规范性,因为"没有需求者,就很难理解需求"②。这就引发了我们接下来的思考,如果道德的公共理念不再依赖于任何实质性的道德基础,我们如何理解道德的客观规定性,或者,道德观的可证成性如何同时维持其多元化的基础和它的客观规定性。

在回答这些疑问之前,我们要区分两种客观性:一种是建立在对自然主义或形而上学实体的本体论关注上,体现了这些实体的独立真理。我们称之为本体客观性;另一种道德客观性的观念依赖于道德主体间的证成性的基本权利的维度,道德也可以在主体间是客观的,因为它对所有人都是合理的。我们称之为证成性的客观性。依据后者,道德基础的规范性表明,如果我们能够为正当的客观性辩护,道德仍然能够保持其客观性和权威性。

因此,根据第二种分类,弗斯特强调,道德的根源在于它的证成的客观性。一旦我们采用证成的客观性,之前反驳的质疑就消失了。一方面,道德是客观的。至于认识论部分,人们可能会回答说,道德客观性不必像本体论客观性所暗示的那样存在于其"外部"现实中;相反,道德是客观的,因为道德要求是内部合理的。也就是说,在弗斯特的理论中,所有人都是相互的和普遍正当的权利主体。至于形而上学部分,人们可能同样地回应说,道德理由"独立"有效,而不管行为人的主观动机如何,它们都是所有人的共享的理由,而不是与必须用特殊能力"发现"的超验现实相对应的理由。

另一方面,道德因其正当的客观性而具有规定性。弗斯特认为,这种道德客观性并非集中于人们之间的基本共识(Consensus),而是集中于分歧(Dissensus)。道德要求是"客观的",因为这些要求必须首先通过彼此间合理理由的检验,才能成为"道德的"。对"我应该做什么"的问题提出答案,也

---

① Garner R. *On the Genuine Queerness of Moral Properties and Facts*, Australasian Journal of Philosophy, 1990, 68(2):137-146.
② Garner R. *On the Genuine Queerness of Moral Properties and Facts*, Australasian Journal of Philosophy, 1990, 68(2):137-146.

就是要求为答案提供一个"解释",而道德问题"只能用严格的共同证成理由来回答;它们可以是'客观的',只要它们不能被合理地(对等地或一般地)拒绝"①。因此,即使是"我"发出了道德要求,但真正给这一要求规定权力的是客观的"我们"或者他者。合理的正当理由排除了行为人不遵守客观要求的任何道德理由,因为这样做将违背他作为人的基本道德权利,并将自己排除在基本"证成权利"的关系之外。弗斯特认为,道德问题的唯一答案必须是正当的(Justified),道德的客观规定性是从其正当性基础(Justificatory Basis)出发的。

弗斯特为了增加其主体间证成理由的客观性的说服力,他借用了托马斯·斯坎伦的类似观点。斯坎伦契约主义道德理论的精髓在他的原则中有一个著名的概括:"如果一项行为被任何证成的一般原则所否定,那么该行为就是错误的,任何人都不能合理地拒绝该原则作为认知的、非强制性的一般协议的基础。"②这一原则既不涉及道德现实的本体论和认识论,也不诉诸任何形而上学的真理。相反,"我所认为的道德规范性正是按照其他人不能合理拒绝的原则行事,其目的是将与他人的关系描述为主体间相互证成的关系,而这些'证成权利'的理由正是我们做道德所要求的理由"③。换句话说,弗斯特的道德客观基础不必依赖于自然主义或形而上学的实体。相反,它可以通过相互证成的关系来规范地构建。

基于上述的基本观点,在《证成权利:正义的建构主义理论的诸要素》一书中,莱纳·弗斯特提出了一种重构的康德规范理论。弗斯特描述了学者恩斯特·图根德哈特(Ernst Tugendhat)对康德的批判,图根德哈特认为康德的道德观是建立在一个完全不可信的规范性理论之上的,因为作为一个实

---

① Forst R. *Contexts of Justice: Political Philosophy beyond Liberalism and Communitarianism*, trans. John M. M. Farrell. Barkeley: University of California Press, 2002:244.
② Scanlon T. *What We Owe to Each Other*, Cambridge, MA: Harvard University Press, 1998:153.
③ Forst R. *The Right to Justification: Elements of a Constructivist Theory of Justice*, New York: Columbia University Press, 2012:45-46.

际和理性的人,我们有一个神秘的"绝对的'必须'强迫着我们"①,这与道德的自主性相矛盾。弗斯特并未放弃无条件约束的规范的概念,而是尝试使其变得更加可理解。根据弗斯特的说法,人类的这种赋予理性和要求理性的特性是在不诉诸形而上学的"必须"的情况下,立足于道德的普遍性和相互性的自主主体的理性选择上。弗斯特的方法是将证成视为正当理由,而不是将神秘的"绝对"必须"视为道德存在的最基本本质,证成的权利和义务是最基本的道德权利和要求"。在对证成的一般性和相互性理解的基础上,弗斯特认为道德将维持其无条件的地位,而不意味着将其置于形而上学基础之上。

但是,像图根德哈特这样的思想家所关心的不仅是"什么是道德的基础",而且还有"如何具有客观基础性"。许多人认为,如果康德的道德不能有合理的根据,就应该抛弃它。为了克服这种批评,弗斯特认为,道德客观性的基础不是形而上学的"必须",而是把这种无条件的基础归结于"作为人"这个简单的事实。② 我们不应该完全否定康德的道德规范的理论基础,而应该承认人类都是有理性与有证成能力的人,但是这种理性的基础不应该是个人的理性,而必须是一个共同、合理、有根据的思想和行动的基础。于是,弗斯特区分了理性基础和合理证成。理性基础只需要吸引一个人的"开明的自我利益"(Enlightened Self-interest),而不需要考虑其他人是否会接受答案的有效性或将其视为正当理由。③ 另一方面,合理的正当性要求有效性和主体间的接受。有了这个重要的区别,弗斯特认识到,一个绝对、无条件的道德不能站在工具或伦理假设的基础上。它需要一个主体间的证成

---

① 参考 Ernst Tugendhat. *Vorlesungen über ethik*, Frankfurt am Main: Suhrkamp, 1993: 80. 或者 Forst R. *The Right to Justification: Elements of a Constructivist Theory of Justice*, New York: Columbia University Press, 2012: 43.

② 为了证明这一点,弗斯特接受了康德的责任表述,并将认知与认识相结合,进一步发展了康德的责任表述。弗斯特认为,这种"评价性知觉"是对康德所称为尊重的道德权威的认识和相互承认。参见 Forst R. *The Right to Justification: Elements of a Constructivist Theory of Justice*, New York: Columbia University Press. 2012: 59-61.

③ Forst R. *The Right to Justification: Elements of a Constructivist Theory of Justice*, New York: Columbia University Press, 2012: 13.

理由。① 如果一个道德要求是正确的,它必须意味着这个要求的正确理由同样为所有道德行为人所共有,这就赋予了这个要求客观的规定性。承认道德上的"应该"(ought)是我们的本性的一部分,我们的本性是正当的、理性给予的和理性值得的存在。换言之,道德是客观的,因为人类从根本上有共享的道德理性(理由),这也是我们的正当本性的一部分。虽然弗斯特承认,一般来说,可能有多个来源指向规范性,"但在道德的情况下,作为人类彼此之间负有责任,这样的多个来源不存在"②。因此,道德是以我们正当的人性为唯一和无条件的基础,在此基础上,人们有权获得证成的权利,只有相互和普遍的正当的规范才是可以接受的。③

但是,这些问题只有通过更详细地考虑弗斯特对实践理性的解释才能得到充分的理解,这一解释被定义为"进入主体间可支持理性的规范空间"④的能力和倾向,即对现实问题作出反应的基本能力的适当方式,在每一种实际情况下,证明其产生的原因,并且必须位于其中⑤。所以我们在这里得到了一个证明空间,它是一个充满了"合理、自主的道德人的形象,他们必须能够相互证成他们的行为"⑥。但如何进入这个空间呢?是什么促使人们采取道德观点的?

回答问题之前,我们先来区分一下规范伦理学的分类。规范伦理学可分为外在规范与内在规范。前者强调规范来源于行为者之外的因素,后者强调规范的动机来源于主体的内在动机或者自主意识。内在规范仍然可以继续探讨,因为内在的规范仍然可以细分为源于反思的理性或者依赖欲望

---

① Forst R. *The Right to Justification: Elements of a Constructivist Theory of Justice*, New York: Columbia University Press, 2012:34.
② Forst R. *The Right to Justification: Elements of a Constructivist Theory of Justice*, New York: Columbia University Press, 2012:44.
③ Forst R. *The Right to Justification: Elements of a Constructivist Theory of Justice*, New York: Columbia University Press, 2012:5.
④ Forst R. *The Right to Justification: Elements of a Constructivist Theory of Justice*, New York: Columbia University Press, 2012:17.
⑤ Forst R. *The Right to Justification: Elements of a Constructivist Theory of Justice*, New York: Columbia University Press, 2012:18.
⑥ Forst R. *The Right to Justification: Elements of a Constructivist Theory of Justice*, New York: Columbia University Press, 2012:22.

的感受。支持反思的理性的一方认为,不经过反思的规范只能是一种动物的本能。而反思的理性源于一种自主的内在同一性,这种自主的内在同一性决定了"我"之所以是"我"。伯纳德·威廉姆斯(Bernard Williams)等新休谟主义是外在规范的代表,与威廉姆斯不同,弗斯特坚持内在规范的理性反思,弗斯特认为,在害怕外部制裁、内疚或考虑自身利益的意义上,这种理由只是外部的理由,难以支撑起能作为道德的客观规范理由。这是因为"一个绝对的无条件的道德不能站在工具或伦理假设的基础上。它需要一个无条件的基础"①。因此,采取道德观点的动机必须是"尊重每一个自主的道德人获得正当理由的基本权利"②,弗斯特将其描述为"道德的基本"的"二阶实践洞察力"③。通过这种洞见,"人类相互承认自己和彼此是道德正义共同体的成员,其中包括所有人,作为自主和负责任的人,被赋予理性,他们是一个共享或共同构建的理由空间的成员"④。弗斯特强调,认为行为是正当的,不一定是因为人们有相同的理由,而是因为他们不认为其他人的理由可以拒绝,它的前提是一个包容的基础,以容纳不同的道德理由。此外,弗斯特定义了合理性(Reasonableness),这是他论证的关键标准。弗斯特将合理性定义为相互性和一般性(Reasonableness as Reciprocity and Generality)。然而,这两个成分基本上都来源于康德的基础,他使用这个词只是为了强调"寻找其他类似动机无法合理拒绝的原则"⑤。人们可能有不同的理由赞同同一道德原则,只要他们的理由不被其他有同样合理愿望的人所拒绝,同样的道德原则仍然是合理的。例如,谋杀无辜者仍然是错误的,尽管具有不同伦理观点的人可能有不同(无条件的、理性的、宗教的或科学的)理由拒绝谋杀行

---

① Forst R. *The Right to Justification: Elements of a Constructivist Theory of Justice*, New York: Columbia University Press,2012:34.
② Forst R. *The Right to Justification: Elements of a Constructivist Theory of Justice*, New York: Columbia University Press, 2012:37.
③ Forst R. *The Right to Justification: Elements of a Constructivist Theory of Justice*, New York: Columbia University Press, 2012:37.
④ Forst R. *The Right to Justification: Elements of a Constructivist Theory of Justice*, New York: Columbia University Press,2012:37-38.
⑤ Scanlon T. *The Difficulty of Tolerance: Contractualism and Utilitarianism*, Cambridge: Cambridge University Press, 2003:103-128.

为。在弗斯特之后,道德客观性以一种实践性的任务取代了认识论的任务。

弗斯特强调,"道德的真正意义并不在于主体对利益与需求的满足,而是主体对他人负有的道德责任与义务。那些热衷于自私自利的利益主体不可能具有这种道德义务的证成理由"[1]。正如弗斯特所说,"从一个把自己理解为道德存在的主体视角来看,从道德'存在于世界'的角度来看,可以说,'为什么是道德的'这个问题甚至都不会出现,因为一个不了解道德的人永远无法通过外部的视角看到道德的意义"。

---

[1] Forst R. *The Right to Justification: Elements of a Constructivist Theory of Justice*, New York: Columbia University Press, 2012:58.

第三章 "证成权利"作为政治话语权力的建构

在讨论"证成权利"作为道德规范的基础之后,我们将进一步追问,在现实层面中,"证成权利"是如何在社会的政治制度中建构起作为正义规范秩序基础的?在思考这个问题的时候,弗斯特强调了一个更深刻的问题,即虽然"证成权利"作为社会道德基础具有主体间的客观性,但其实质仍是一种非常脆弱的权利,它经常受到非道德行动、不公正、支配或暴力的威胁。如果"证成权利"的道德基础这么容易受到政治行为的影响,"证成权利"作为道德主体的基本权利还有什么用呢?本章试图通过阐述弗斯特的"本体权力"观念,揭示出"证成权利"作为一种政治话语权力,为政治社会的规范建构提供了批判的证成叙述,并在这种政治的话语权的建构中最终走向了正义的证成的规范秩序。故而,弗斯特的"证成权利"理念既是规范性的道德基础,也是其正义批判理论批判与建构的核心。本章第一节主要分析传统的权力概念,进而引入弗斯特的"本体权力"的概念。第二节在"本体权力"的视阈中分析政治社会存在着三种权力关系,即规则、支配和暴力。其中,弗斯特对支配与暴力形式的非正义的实质进行概念化分析。弗斯特认为,权力的实质是作用于他者理性空间中的力量,那么,不公正的权力形式就表现为扰乱、扭曲甚至封闭理性空间,并且将人们排除在证成决策的过程之外,使人们失去了最基本的自主的"证成权利"。最终,弗斯特在"本体权力"概念的诠释中确立了"证成权利"的话语权利的合理性。第三节详细阐述了"证成权利"作为政治话语权的建构以及正义规范秩序的建构。"证成权利"作为一种政治话语权力,为政治社会的规范性的权力关系建构提供了批判的证成叙述,这种证成叙述创造了一个产生普遍的理性语言的证成空间,证成性的语言在事实上能够超越不公正的封闭领域,最终走向正义的规范秩序。

第一节 从"本体权力"出发

弗斯特强调,"证成权利"的道德规范基础必须在多元民主社会的实际要求中才能得以实践。那么这种"证成权利"在政治社会领域中是如何发挥作用的?要回答这个问题,还是要从弗斯特对"权力"观念的重新诠释谈起。弗斯特认为,传统的权力观念将权力缩减为从属关系或者支配关系,这使得权力的关系一直处于主体与客体二分的不公正状态。[1] 为了对权力的概念和规范作出澄清,弗斯特提出了"本体权力"(Noumenal Power)。他的"本体权力"概念的提出重新引发了一场关于政治权力的规范性的辩论。弗斯特提醒我们,只有在我们理解了权力的本质之后,我们才能理解"证成权利"是什么以及如何发挥作用的。这是我们理解弗斯特的"证成权利"作为政治话语建构的钥匙。

一、传统哲学中的"权力"观念

在传统的政治社会中,权力依赖国家与制度,指的是"权威所拥有的强制支配力量"[2]。在政治意义上的权力意味着权力主体将自己的意志强加给权力对象,并且迫使权力对象改变自己的意志,最终服从或屈从权力主体的能力或力量。例如,卢梭认为"国家权力"是"一种普遍的强制性力量"[3]。马基雅维利认为权力是"被滥用的残酷"的统治形式。[4] 福柯提醒我们,现代政权即使被认为是最自由民主的政权,也剥夺了大量贫穷和无力的人民的生命和自由。[5] 福柯认为权力是一种纪律性、支配性的主体,是结构化的,因

---

[1] Forst R. *Noumenal Power*, Journal of Political Philosophy, 2015,23(2):111.
[2] 贺照田:《西方现代性的曲折与展开》(下),吉林人民出版社2011年版,第401页。
[3] [法]卢梭著,何兆武译:《社会契约论》,商务印书馆1999年版,第41页。
[4] Machiavelli N. *Discourses*, London: Penguin, 2003(3) discourse 6.
[5] Michel Foucault. *Discipline Punish: The Birth of the Prison*, trans. A. Sheridan. New York: Pantheon, 1978:3-6.

此,也限制了思想和行动的可能性。马克斯·韦伯(Max Weber)认为权力几乎总是意味着支配与服从。权力意味着强迫他人以他们本来不会做的方式行事,强迫他们做他们本来不会做的事情。① 罗尔斯也注意到,政治共同体具有一种为了达到全体的一致而运用的压迫性的力量。②

随着社会的发展与资本主义的产生,社会权力凭借自身的资源逐步取代政治的强制力量,是一种权力与权力的制约关系,于是,权力关系从强权与独裁走向了分权与制衡。例如,霍布斯的君主与议会的二权分立,洛克的立法、执法、对外的三权分立,孟德斯鸠的议会立法、国王行政和法院司法的三权分立等。马克思主义认为,国家与社会两者始终是对立的存在。只有当国家的权力回归到社会权力中,这种对立与矛盾就会消失。然而,国家的消亡是一个漫长的过程,它需要经历从政治国家到非政治国家的逐步演变的过程。但由于政治权力向社会权力的回归是人类解放事业的必然选择,权力必定从国家走向社会,最后成为了全人类解放的共同力量。

后现代学者普遍关注社会权力,重点探讨社会权力的原则和方式。此时的权力概念从"强制学说"变成一种主体间的权利现象,它超越了支配的与单边的不对称关系。例如,尤尔吉·卢卡奇(György Lukács)认为,政治隐含地假设了以某些人对他人的潜在可能有害的影响。因此,道德和政治哲学的核心问题不是权力是否会在政治领域行使,而是权力是否能够在社会中合法地行使。"合法"通常是指某人在他人同意的情况下对他人行使权力,或者意味着他们行使权力的方式符合后者的客观利益。③ 从这个意义上说,阿伦特认为权力是主体影响周围环境的能力,权力主体的范围扩大为社会关系中的行动者。那么,权力也就相应地变成了一种交互性的共同意志,这种权力是非强制性的公共权力,存在于主体间的平等与民主结构中。基于阿伦特的权力理论,哈贝马斯延伸了其交往权力的内涵,并发展了以交往

---

① [德]韦伯:《经济与社会》(下),商务印书馆1997年版,第217页。
② 罗尔斯对共同体和社会做了特定的区分。罗尔斯认为,共同体是指受共享的完备性学说支配的社会,而他的社会观念特指秩序良好的民主社会。参见 Rawls J. *Political Liberalism*, Columbia University Press, 1993:37.
③ [匈]卢卡奇著,杜章智、任立、燕宏远译:《历史与阶级意识》,商务印书馆2011年版。

为基础的沟通伦理。哈贝马斯认为，权力是人们在公共舆论中形成的话语性力量，从不同层面上影响权力的合法性。哈贝马斯认为，在权力结构中势必会产生相应的政治目的，权力在行使的过程中会利用其拥有的资源确立自身的合法性力量。国家权力和社会权力虽然具有"合法律性"却未必会有"合法性"，而交往权力却摒弃了传统权力机构的强制性，从而反映人民的意愿，促进国家的合法性以及证成性的确证。可以说，交往权力是国家和社会权力的正当性保障。

在经历了传统政治权力、社会权力以及后现代的民主权力观念后，强制性的权力观念逐渐淡化，权力观念逐渐经历了从国家集权到社会分权的演变过程，是从强权到分权、从分权到民主的演变过程。

在弗斯特看来，虽然学界一直在谈论权力，但是一旦我们更仔细地研究权力在规范背景下的概念，就会产生一些根本性的问题，这使我们很难在实践中确定权力行使的合法形式。弗斯特认为，传统观念中的权力主体是以国家为代表的统治机构或者制度，权力被视为预先给定的权威的统治观念，权力所表现出来的是统治与奴役的模式，是一个群体对其他群体的剥削与压迫。而弗斯特对权力的看法恰恰相反，弗斯特认为，权力并不是单属于特定的权威，而是在主体间权力关系中发展而来的；另外，权力关系并非主体对客体的奴役状态，权力本身是中立的，权力发挥作用取决于受权力影响的主体的理性证成过程。弗斯特的观点与哈贝马斯的观点极其相似。但是，弗斯特的观点在哈贝马斯的观点之上又增加了语境中权力关系的分析，使得权力关系不只是在哈贝马斯的理想境界，而是更加接近社会的现实实践。因此，弗斯特强调，传统权力观念应该具有三种转变：

第一，从权力到权力关系。弗斯特把权力的观念发展为一种权力的关系。与传统的权力观念不同，弗斯特所认为的权力不是某种政治强制性的力量，更不需要预先设置一个权威。也就是说，与其说是权力被谁拥有，不如说权力的关系本身是如何在社会中运转的。在弗斯特看来，权力关系从宽泛的意义上被理解为社会交往中主体间行为产生理性行为的活动，是一种贯穿于全社会不同层次间的普遍形式,"从国家到社会""从家庭到个人"。① 所以,权力关系是多种多样的,在不同的语境中会展现出不同的权力关系,这种权力形式是无法用传统的权力形式去解释的。这种权力关系在理性运作过程中构成了主体间的规范秩序。在不同语境中发展的权力关系贯穿于整个社会之中,它们彼此相互理解、相互宽容,最终协调了规范秩序的一致性,这种规范秩序一旦形成又可以反过来影响这些权力的证成关系。

第二,从权力关系的分配范式到结构性的支配现象。弗斯特认为,现实的权力关系的分配范式只关心物品对社会的数量分配,而对"结构性的权力支配现象"视而不见。即使现有的权力观念承认权力的关系属性,权力观念的实质仍然会被理解为主体对客体的支配关系。因为弗斯特发现,权力关系的正当性并不能依靠分配物品的多少来衡量,而是通过权力关系间的互动来提出彼此之间的证成理由。弗斯特认为权力关系之间的作用是双重的:"权力关系之间彼此相互支持,从而形成系统的正当关系结构,反之,若权力关系之间彼此排斥与矛盾,那么就会产生不公正的关系结构。"② 这句话想表达的意思是,权力关系并非是以固定的主体与客体的形式表征的,而是主体间的权力关系彼此相互作用的结果,这种权力关系的相互作用可以是彼此间相互促进与支撑的积极权力关系,也可以是彼此间相互排斥甚至是颠覆性的权力反抗。

第三,从固定不变的权力体系到动态的权利斗争。弗斯特认为,权力是动态、持久演变的斗争过程,而不是相对固定或不变的。如果用弗斯特的话来说,就是"权力始终存在于行动之中"③。传统的"权力"观念认为,权力是属于统治阶级的强制权力,这种权力是固定不变的集权形式。然而,弗斯特扩大了"权力"范围,认为权力应该包括各种形式的动态的过程,这个过程中,权力关系发生改变,也可能是得到了支持或遭到了颠覆,无论如何,权力

---

① Forst R. *Normativity and Power: Analyzing Social Orders of Justification*, London: Oxford University Press, 2017: 41.
② Forst R. *Justification and Critique: Towards a Critical Theory of Politics*, trans. Ciaran Cronin, Cambridge: Polity Press, 2013: 39.
③ Forst R. *Justification and Critique: Towards a Critical Theory of Politics*, trans. Ciaran Cronin, Cambridge: Polity Press, 2013: 11.

关系不可能是静止不动的。因此,弗斯特强调不能把权力看做从某个固定不变的最高权威延伸出来的力量,权力应该是在政治社会中存在于社会生产与生活的各个关系中。他们彼此相互制约,形成了一种权利的关系体系结构,并随着人们的认知理性或者政治社会的不断发展,而不断地变动。

总之,弗斯特认为,由于传统权力观念将权力缩减为从属关系或者支配关系,权力关系一直处于主体与客体二分的不公正状态。[①] 为了对权力的概念和规范做出澄清,弗斯特提出了"本体权力"(Noumenal Power)。弗斯特认为,从某种程度上说,权力是有争议的概念,因为它具有不可约束的评价性,因此是一个政治辩论的问题。但弗斯特认为,依照他提出的"本体权力"理念,我们完全可以避免关于权力的不必要的争论。

二、弗斯特的"本体权力"概念

(一)"本体权力"观念的内涵

在弗斯特"本体权力"的理念中,弗斯特认为要扩大权力的概念范围,权力本身绝不能仅仅被视为传统强制性的权力,正如汉娜·阿伦特(Hannah Arendt)所敦促的那样,我们需要一个"更具包容性的权力概念,它也可以指共同意志的形成和共同意志的统治"[②]。因此,弗斯特认为:"政治存在着一种真实而普遍的权力现象,这种权力现象的实质是一种理性主体间在本体领域中相互作用的能力,即主体在权力的作用下可能是受约束又可能是具有解放的能力。"[③]这里要说明的是,为什么弗斯特要在"权利"前面冠之以"本体"一词呢?一般来说,"本体"指的是事物存在的本质或者事物原始的状态。也就是说,"本体"是以还原论为基础的,进而追寻世界的"本质"与"本原"。而当代的一些学者认为,探讨"本体"是哲学的问题,但是它又与现象学密切相关,因而现象学应该是以本体论为基础的。弗斯特认为,"本体"的意义并非仅仅属于还原论或者本质论的探讨范围,而且还可以寻求"本

[①] Forst R. *Noumenal Power*, Journal of Political Philosophy, 2015, 23 (2): 111.
[②] Arendt H. *Essays in Understanding*, ed. Jerome Kohn, New York: Harcourt Brace, 1993: 140.
[③] Forst R. *Normativity and Power: Analyzing Social Orders of Justification*, New York: Oxford University Press, 2017: 38.

体"与"现象"在"社会事实"层面上的统一。① 于是,在"权力"概念上冠以"本体",弗斯特不仅意欲寻求权力更为本质的属性,更是在社会实践的现实层面,寻找权力真正的主宰者。弗斯特认为,人的理性是一种塑造人行为的证成能力,人作为理性的人,不能以客体的形式置身于社会现实之外,这种"本体权力"的概念超越了"本体"与"现象"的二分,肯定了理性之人是塑造行为的本体。

为了更好地诠释"本体权力",弗斯特举了一个例子:主体"A"有能力激励主体"B"去思考或做一些"B"本来不会想到或做的事情。② 假如"A"有能力让"B"不按照之前的想法来思考和行动,那么"A"对"B"确实行使了权力,更重要的是,同时"B"也对"A"行使的权力做出了理性的能动反应。在这个例子中,我们发现,弗斯特"本体权力"内涵的关键点在于,对于"A"或者"B"来说,权力的作用必须是双向的,也就是说,权力的有效性取决于"A"行使权力时给予"B"的理性空间的开放程度,同时"B"拥有自由的权利来理性地决定主体"A"权力的最终效力。

弗斯特关于"本体权力"的要点是,我们对权力概念的诠释,不仅仅是对一种状态或一种社会关系进行经验上的描述,还必须把它放在理性的空间,或者自由和行动的规范空间,进行规范性的检验。因此,在政治哲学中,我们通常会探讨权力的正当性,然而弗斯特反其道而行之,他却对正当性的权力感兴趣。他把权力理解为一种行为主体的能力,它能激励其他人去思考或以他们本来不会思考或行动的方式行动,那么,如果我们想区分权力的形式和单纯的物理效果,我们就必须把权力放在"正当空间"中。因为行使权力意味着"A"给予"B"理由,这反过来意味着权力实际上是在理由的层面上运作的。弗斯特给了我们两个例子做对比,一方面,行为人搬动了一棵树,树木因为人的力量产生了位移。弗斯特认为这不是权力产生的力量范围,而是一种行为的物理影响力。如果这个例子还不能说明问题,弗斯特又举了一个例子,"A"通过身体的纯粹手段,用手铐把"B"铐起来带走,这不再是

---

① Forst R. *Normativity and Power: Analyzing Social Orders of Justification*, New York: Oxford University Press, 2017:38.
② Forst R. *Noumenal Power*, Journal of Political Philosophy,2015,23(2):115.

一种权力的行使,因为被铐上的人什么也不"做",那么,权力也没有产生效力。在这一点上,弗斯特强调,如果权力作为行为人之间的一种关系,变成了野蛮的体力和暴力,其权力也随之消失。① 也就是说,当我们面对暴力,理性的主体如果不再害怕,这些暴力的手段也会变得迟钝和无效。

从这些例子中,我们发现弗斯特强调了受影响的主体对权力效力的决定作用。所以,弗斯特认为,我们不能预先决定权力是如何行使其效力的,因为权力的行使具有多种方式,即通过令人信服的论证、诱惑、谎言或威胁,那么,从这个意义上说,权力的效力问题是个开放的问题,对于权力的接受的方式有很多种,从"几乎盲目地遵循传统规范"到"批判性反思和评价"②。可以说,弗斯特的兴趣在于明确权力的范围,也就是他所说的"权力如何运作"。这种理性认识能力取决于你看到一个"足够好"的行动理由:这意味着你看到了改变你将如何行动的理由。权力依赖于公认的正当理由,但有时有些是好的,有些是坏的,有些是介于两者之间。例如,一个威胁(或一把枪)可以被看作是一种理由,一个好的建议同样也是一种理由。但是两者不同的是,任何权力只有在受其影响的主体认可的情况下才存在。从某种程度上说,弗斯特的权力观念是对马克斯·韦伯(Max Weber)的权利观念的挑战。韦伯认为,权力在社会学上是无定形的,换句话说,它是没有形状和形式的③。但弗斯特认为权力的行使和效果是基于对一个理由的认识,是主体间理性的证成能力。

具体来说,一方面,从权力行使者的角度来看,弗斯特认为,我们需要一个比支配或者统治理念更广泛的权力定义。对权力概念的大多数定义可分为两种,一种是消极权力现象,这是一种统治的形式;另一种是积极的权力现象,这是一种解放的形式。从这两方面的分析中,弗斯特明显超越了传统权力观念的这两种形式,扩大权力的概念范围,证明了权力的实质是一种主体间相互证成的能力。

---

① Forst R. *Noumenal Power*, Journal of Political Philosophy, 2015,23(2):112.
② Lukes S. *Noumenal Power*: *Concept and Explanation*, Journal of Political Power, 2018,11(1):46-55.
③ [德]韦伯著,胡景北译:《社会学的基本概念》,上海人民出版社2020年版,第73页。

其中,第一种权力形式存在于马克斯·韦伯(Max Weber)的权力理念中,权力的行使总是一个强制统治的问题,从而排除了合法统治也有权力行使的可能性。① 同时,弗斯特进一步质疑纽约大学社会学教授史蒂芬·卢克斯(Steven Lukes)对于权力的最初的定义:"当'A'以违背'B'利益的方式影响'B'时,'A'对'B'行使权力。"②然而,弗斯特认为这更接近于统治的定义,他的分析揭示了许多行使权力的方式,即"施加内部约束",导致接受某种形式的统治。弗斯特认为,这种强制统治的权力观念忽视了权力作用他人的多种方式,比如说权力可以理解为富有成效、变革性、权威性、尊严以及宽容等形式。

同时,第二种权力形式往往具有同样片面的积极应对。例如,阿伦特(Hannah Arendt)认为,这种主体间的现象建立在行动者的协议之上,它源于不同的行为人之间的理解,主体间通过"协议"或"一致行动"的方式,有能力抵制强制性的力量。权力是一种商谈产生的现实现象,它起源于人主体间的理性空间,并依赖于理想的正义力量,这些力量揭示了一个集体世界如何行动的实际动机。弗斯特并非完全否定这种积极的权力形式,而是认为,这种积极的权力形式如若没有基本的规范限制,就有群体暴力的危险倾向。弗斯特认为,我们既不应保留消极的权力概念,也不应保留纯粹积极的权力概念。在弗斯特的观点中,权力的概念完全是中立的,权力受被影响人的理性反应,或接受、拒绝以及反抗。于是,权力可以是强权的控制,也可以是解放性要求。

另一方面,从权力接受者的角度来看,弗斯特借用罗伯特·达尔(Robert A. Dahl)对权力的概念解释:"A"对"B"有权力,只要他能让"B"做一些"B"不会做的事。他在分析使用某种权力基础,如机构地位或资源作为行使权力的手段时,着重于他人行为变化的程度或范围。弗斯特强调,在这个定义中,这里的"B"的行为最关键。权力的产生具有某种意图必定能促使"B"产生改变自己意愿和行为的动机,否则就是单纯的物理刺激与反应。③ 达尔举

---

① [德]韦伯:《经济与社会》(下),商务印书馆1997年版,第87—98页。
② Forst R. *Noumenal Power*, Journal of Political Philosophy,2015,23(2):112.
③ Dahl R A. *The Concept of Power*, Behavioral Science,1957,2(3):201-215.

第三章 "证成权利"作为政治话语权力的建构

了个例子,"B"绝不仅仅是一个行为的对象,犹如我挪动一块石头,我对石头仅仅施加了物理的作用,在这里"B"却是一个有一定行动自由的主体,他可以用理性的反应来决定权力的效力。弗斯特强调,如果"B"是一个行为人,权力的秘密就是"B"在其内部所产生的理性反应。换言之,"A"必须给"B"一个激励性的理由,让"B"以特定的理性方式行动。外部权力是一种武力手段和客观威胁,虽然这种权力对主体施加了力量,但它已经失去了对你的控制力,因为主体可以用规范的力量来引导其自主的思想,从而决定如何对此力量产生理性的反应,即接受、拒绝甚至反抗。因此,如果我们想解释它是否有权控制他人,我们需要了解那些受它支配的人或是那些从支配权力中解放出来的人的头脑里发生了什么,这就是权力的本体领域所在。因此,"本体权力"不是一种单独的权力形式,而是与武力威胁并驾齐驱。弗斯特的"本体权力"阐述了权力的行驶是如何通过"给出"理性反应来促使权力产生影响效力的。

弗斯特强调,权力关系的本体解释比那些将权力定位于物质或物质手段(无论是金钱或武器)的理论更"现实"。因为,一方面,它解释了所有无法用某种手段来解释的权力形式——争论的力量,诱惑的力量,爱情的力量,一致行动的力量,承诺的力量,道德的力量以及个人目标的力量,等等。另一方面,更重要的是,弗斯特解释了某种暴力手段的力量,例如,武器只有在被视为理性的情况下才起作用。如果它们未在理性空间发挥作用,权力就变成物理力量,他们的真正力量根本没有实现。使用暴力进行惩罚,往往是权力失败的标志,而不是权力成功行使的标志。

总之,弗斯特"本体权力"的意图是分析在权力产生的过程中正当理由是如何潜入我们的身心的,权力关系中涉及的多种形式的"给予理由"或"产生理由"的过程,如果我们想把这些权力关系理论化,于是就变成了正确和富有成效的权利话语方式。与使用武力或暴力相比,权力的效力取决于主体的承认程度。权力取决于公认的正当理由,有些是好的,有些是坏的,有些介于两者之间。但权力只有在主体接受的情况下,权力才存在。而权力的接受范围有一个动态的过程,从被权威胁迫的"接受"到有理据的"承认",所有这些权力理据的变化形式,只要涉及理据空间中的某种关系,都是相关意义上的"本体"。但是,这些理由的认知性、规范性和质量差异很大。主体一旦接受了一些虚假理由,那么,这些理由就会立即封闭主体的理性(理由)空间,并且扰乱和扭曲理性空间,把人们排除在决定证成性的决策过程之外,使人们失去了最基本的"证成权利"。由此来看,通过对弗斯特"本体权力"概念的解析,我们可以清晰地甄别出更加特殊的权利形式,这为引出弗斯特批判的权力理论铺平道路。

(二)本体权力的特征

1. 本体性

传统意义上,康德把"本体"称之为不能直接感知的"事物本身",它是先于观察者而出现的存在。人类想要认识本体就要通过某种理想力量去与本体发生作用,从而把握其内在的原则与规律。虽然本体不可能直接进入我们的大脑,但是它的理性原则或者内在规律却可以被我们的理性所认知和把握。

从这个理论角度出发,弗斯特认为,人的理性是一种塑造人行为的证成能力,人作为理性的人,不能以客体的形式置身于社会现实之外,这种"本体权力"的概念超越了"本体"与"现象"的二分,肯定了理性之人是塑造行为的本体。弗斯特明确指出,"本体权力"指的是存在于理性中的权力空间,存在于主体理性中的力量,也就是说,存在于理性证成空间中的力量(Das Gedachte)。弗斯特把权力看作为一种以主体的理性为"本体"现象。尽管如此,这并非意味着"本体权力"等同于柏拉图的"理念",或者康德的"物自体"。事实上,权力是主体间在"理由的空间"范围内的理性活动,在弗斯特看来,对权力的分析不仅要对社会关系进行经验分析,更要把权力实施的过程置于"理由的空间"中来理解:在开放的理由空间权力,人们才会出于证成的理由而自由地行动,并对他人承担责任;在封闭的理由空间里行使权力,人们就会屈从于权力的特定的理由引导,这些理由是他人给予主体的,并迫使主体被动地按照他人所希望的方式去思考或行动。"理由的空间"就是行为者的规范空间,或者说是"证成的空间"。由于权力应该存在于这种证成的空间中,故而权力具有本体性。

因此,讨论本体性的权力意味着弗斯特在谈论某种思想世界中的形式力量,而这将远离作为一种社会或制度现象的权力现实。① 不同于政治立场、货币手段或军事力量工具,弗斯特认为,真正和普遍的权力现象是在本体领域的理性空间中找到的,其中"关键在于当我们认知事物的时候,我们并没有对该事件或状态展开规范性的分析;我们未能在理性的逻辑空间中检验一个事件所表述的是否正确"②。

2. 中立性

弗斯特认为,我们考虑"权力"这个概念的时候,除了对权力正当性的考虑之外,权力的行使是一种需要受权力影响的主体用自己的方式来分析的现象。于是,弗斯特的"本体权力"理念把我们的注意力从强制性权力观念转移开,他捍卫了一种规范中立的权力概念,它使我们能够区分更复杂的权力形式,如规则、支配和统治。③ 弗斯特这样做并非是限制权力,而是为了使被权力所支配的人清楚地看到"本体权力"视阈下权力的实质,并且在分析权力的过程中发掘出属于自己的政治话语权。"本体权力"应该是一个"中立"的概念,因为,主体对他者行使权力,无论是何种原因,使用各种手段,他们之间产生的权力的效果在于行为者施加给他者所接受的行为理由。即便是用威胁的手段或者合理的证成原则,主体始终是一个自由主体,他就有自由选择的权利。因此,在"本体权力"的视阈中,存在着意识形态的权力以及解放的权力,而各种权力的证成性的确证可以依赖于各种各样的理由。④ "本体权力"的中立性使得弗斯特扩大了行使权力的手段,同时扩大了权力的最终效力:不仅威胁我们的人对我们行使权力,那些劝说或教导我们的人也这样做。他们对我们的权力影响是否激励我们做一些有益或有害的事情,这仍然是一个悬而未决的问题。问题的关键正是:支配和从属并不是权力行使的唯一可能结果。启蒙、快乐和解放也是本体权力运用的可能结果。

---

① Forst R. *Normativity and Power: Analyzing Social Orders of Justification*, New York: Oxford University Press, 2017:38.
② Forst R. *Normativity and Power: Analyzing Social Orders of Justification*, New York: Oxford University Press, 2017:17.
③ Forst R. *Noumenal Power*, Journal of Political Philosophy,2015,23(2):113.
④ Forst R. *Justification and Critique: Towards a Critical Theory of Politics*, trans. Ciaran Cronin, Cambridge: Polity Press, 2013:175.

正如弗斯特所说,本体权力的运作方式可以"通过主体间的证成来加以区分和评估修正的"①。中立性的本体权力是"根据我们对理由的解释来决定是好是坏,权力的概念既不是积极的,也不是消极的,而是中性的"②。弗斯特认为,本体权力的中立性是一种权力理论的积极尝试,旨在论证我们的"可分享的理由空间"③,存疑用相互性和一般性标准"检验现有证成性叙述的界限"。

3. 话语性

对于"本体权力"的话语性的分析,弗斯特首先强调了社会正义的最初政治意义。那些主张分配正义理论是对"权利"的遗忘,因为它们只从物品的接受者这一方面考虑正义,只要求重新分配物品的数量,而不提出有关生产和分配结构确定的政治问题。权力问题是正义的第一个问题,这意味着一切都取决于一个社会内部的正当性关系。权力应被理解为个人的有效"证成权利",是最高的正义的道德,即提供和要求理由以及挑战错误合法性的话语权利。因此,弗斯特主张在关于正义的论辩中有一个"政治转折",并主张将批判正义理论作为对正义关系的话语批判。

因此,从权力的批判角度考虑,弗斯特"本体权力"的话语性体现在主体可以影响、使用、决定、占有甚至关闭他人的证成空间。弗斯特认为,这种权力现象可能发生在现实的某些实践中,例如一次公开的演讲或者某种欺骗行为,也可能发生在社会结构中的证成叙事。所以,权力现象位于一种社会结构中,这种社会结构依赖于某些正当理由叙述。正当理由可以强制执行,也可以自由分享,也就是说,权力总是在交流空间中发挥作用。弗斯特认为,基于"证成权利",我们具有政治话语权,这种政治话语权将合理或不合理的辩护放置于话语的空间来审视,分析其来源及其影响方式,并考察政治社会中在话语上起决定作用的观点立场与结构。权力的空间即是话语的空间,对权力的话语分析就是分析决定理性的权力空间的现实过程。在弗斯特"本体权力"的意义上,具有话语性质的证成权力要求证成理由、给予证成

---

① Forst R. *Noumenal Power*, Journal of Political Philosophy,2015,23(2):112.
② Forst R. *Noumenal Power*, Journal of Political Philosophy,2015,23(2):115.
③ Kettner M. *The Forstian Bargain*, Journal of Political Power, 2018, 11 (2):147.

理由,挑战虚假或者谬误的合法性权力,并试图打破传统的既定的僵化的权力关系模式。同时,"本体权力"必定是通过正当性的话语的方式产生的,并在理由的空间中不断实践,不断更新,本体权力在发挥其正当性叙事作用的时候始终处于一种动态的证成过程之中。

4. 主体间性

在上述的定义中,我们提到弗斯特"本体权力"内涵的关键点在于,对于"A"或者"B"来说,权力产生的影响力是双向的,而权力的有效性取决于"A"行使权力时给予"B"的理性空间的开放程度,同时"B"拥有自由的权利来理性地决定主体"A"权力的最终效力。这种权力是在主体间的力量,是一种产生社会效应的力量。因而,在权力关系中,主体作为行动者互相影响,他们通过以各种不同的方式来使别人行动,权力建立在主体间承认关系的基础上。相比较而言,假如"A"通过纯粹物理的手段来移动"B",这就不是一种权力,因为"A"仅仅对"B"产生了一种物理力量的影响,就像一块石头被外力推动,或者一棵树被挪动,石头和树作为力量影响的客体,没有任何能动的理性作用,只是发生了物理学意义上的"位移",因此,这种力量不具有权力的特征,或者说不属于证成的权力行使范围。所以,从"本体权力"的主体性可以发现,弗斯特试图通过更具包容性的权力关系,引出不公正权力关系的实质,受到强权或暴力的主体完全处于被剥削被压制的状态,孤立于本体的社会的语境,不再是自由的行动者,这种力量也就失去了权力的主体间的特征,因此这种权力是我们要强烈抵制的不公正的权力结构,也是作为弗斯特正义批判理论的批判权力观念的起点。承认这种主体间性的理性权力关系是"证成权利"存在的先决条件。

(三)"本体权力"的作用

弗斯特提出"本体权力"理念的作用包括以下几点:

第一,"本体权力"明确了权力的概念。弗斯特认为,"本体权力"是一个确定的观点,它排除了对权力概念的一些有争议的描述。一个概念必须是确定的,而且必须有充足的理由不可被其他概念代替。然而,弗斯特确实试图迎合那些将权力分配给社会正当关系的结构,认为"本体权力"可以用来解释这些结构是如何在理性的社会空间中产生、影响和改变的。权力的理性空间通过本体力量的运用不断地从社会主体间的内部重塑权利的证成结构。

第二,"本体权力"扩大了权力关系的思考范围。弗斯特认为,"本体权力"理念是对"权力"的一个相当广泛的解释,它在于关于权力关系如何在社会生活中起到了促进作用。狭义的权力概念要么关注"积极的"相互尊重的联合行为的权力,要么关注"消极"的强权权力概念,这两种观点只是片面地阐述了部分权力现象,没有从整体上把握更为系统和全面的权力关系范围。"本体权力"是一个更广泛更普遍的理念,它有助于主体间共同确立权力领域,制定和评估各种解释性假设,并阐明权力的因果关系。

第三,"本体权力"在批判性理论方面起了重要作用。弗斯特认为,权力关系存在规范性与描述性的区分,如果不搞清楚两者的差别就无法清晰地界定权力关系的本质特征。弗斯特认为,"本体权力"对于理解权力关系是富有成效的。权力关系既是一种描述性的关系又是一种规范性的关系,我们不仅需要寻找影响权力关系的实际语境,更要审查在实际语境中权力关系的正当性。这是法兰克福学派追求社会解放的批判理论的核心。从这一点来说,弗斯特的"本体权力"理念继承了批判理论的传统,通过阐释"本体权力"视阈的权力关系的实质,探索现有不公正的原因,并试图找出克服不公正现象的方法。

第二节 "本体权力"视阈中的权力关系

通过上文对"本体权力"的内涵、特征以及作用的梳理,我们发现弗斯特并没有把权力当作正义规范秩序的对立面,而是作为证成规范秩序的一部分,也就是说,主体拥有权力就是在一个共享的证成空间中占据被认同的特定位置。而弗斯特试图批判的不公正的权力现象就是那些统治和暴力的权力形式,这种权力形式可以扭曲、操控与封闭他人进入理性空间的通道,从而使受权力影响的人彻底失去基本的"证成权利"。因此,弗斯特认为,正当的权力只能存在于社会规范能够被视为正当的地方,若权力沦为统治甚至暴力,那么权力也会随之消失。若要分析权力的关系,就必须找到通往"证成权利"的入口,只有这样才能使一种证成的规范秩序得以形成。弗斯特对权力的阐述同时也是对权力的批判,其根本目的就是批判不合理的证成关系,从而在主体间建立起自由、平等的"证成权利"关系和规范性结构。

一、"本体权力"视阈中的权力关系分析

第一,规则(Herrschaft)。弗斯特将规则称之为权力的一种形式,在这种形式中,社会或者政治关系被放置于一个以具体的支持理由和叙述为基础的证成秩序中。权力关系中的主体在其正当理由的空间形成了一种有组织、持久、稳定的辩护秩序的框架关系。在这种秩序中,规则所建构的民主政治秩序的权利和制度保障了他们作为正当平等者的地位。在涉及基本的正义问题时,规则是通过相互和普遍的证成理由来行使的。进一步的政治问题是通过基本上公正和合法的正当程序来决定的。民主政治秩序的权利和制度保障了他们作为正义平等者的地位。我们的理性空间在许多方面不可避免地受到社会和历史的限制,但作为社会和政治权力的接受者和作者的双重角色只有在规则(Rule)的条件下才能发挥作用。

第二,支配(Beherrschung)。弗斯特认为,与规则相比,支配是主体间权力关系的一种非正义形式。在这种不合理、不对称的社会关系中,主体占领或者限制了他人的正当理由空间,几乎没有给他人留下任何选择。支配这种权力现象意味着,强制或武力在权力关系中隐约可见,即越来越多地剥夺和压迫限制了理性空间的证成秩序发展。弗斯特运用支配这种权力形式来揭露在缺乏证成性结构的情况下行使权力的形式,批判性地反思和质疑其权力的证成关系。弗斯特认为,作为支配的权力反映了缺乏一种证成的方式来发展和检验相互的、普遍合理的规范,于是,支配存在于由霸权支持的不对称的社会和政治关系中,通过意识形态力量或武力威胁来限制证成性的空间。支配就与民主统治背道而驰,通过支配行使的权力局限于极端形式的独裁主义(Authoritarianism)之中。

第三,暴力(Gewalt)。弗斯特强调,暴力区别于规则与支配,是一种极端的权力关系。在暴力的条件下,任何的权力关系被还原为"物",主体作为一

个正当存在的地位和意义被完全封闭和否定。① 这种极端的暴力形式完全否定了他人的正当地位,从而使他人沦为只需移动或摧毁的物体。受权力影响的人只是一个被移动的物体,没有任何理性反应。弗斯特写到:"由纯粹的力量所移动的人完全处于另一个人的控制之下,仅仅是一个物理对象,因此,从本体社会环境中孤立来看,他或她不再是人类的主体。"② 当然,如果那些遭受暴力的人开始按照权力施加者的意愿行事时,权力可能会再次出现,这可能是出于恐惧,或者是因为他们受到了创伤,但无论如何,不再仅仅是实物,因为他做出了反应。这是一个相当雄辩的阐述,我们可以称之为"权力现象学",其中当权力应用于实际暴力之时,这种权力就完全否定了自己。③ 因此,在本体权力的定义中,权力使用者的意图必须在主体改变的思想或行为中得以证成。

综上所述,弗斯特把社会权力看作是一种相互作用的权力现象。因此,他所讨论的关系是自由行为人之间的权利结构关系。我们必须沿着一个理性的范围来分析权力关系,从规则、支配到暴力。在弗斯特看来权力只能在正当理由的空间中形成与发展,权力斗争就在这个空间中进行。因此,从支配、暴力到规则的权利形式,其指导思想的基础是尊重基本的"证成权利":一个人必须把自己和他人看作拥有这种权利的道德人。这种尊重的基本形式只能通过主体间理由(理性)的程序,借助相互性和普遍性这两个标准来确定。弗斯特认为"权力只对自由主体行使,而且只在他们'自由'的范围内行使"④。弗斯特认为,人是正义的人,我们相信这是构成诸如理性、道德、正义和权力等概念的基础。然而,当我们从哲学的角度重建这些术语时,我们必须采用双重视角,我们需要一种恰当的描述性与规范性相联系的权力关系。

---

① Forst R. *Normativity and Power*: *Analyzing Social Orders of Justification*, New York: Oxford University Press. 2017:50.
② Forst R. *Noumenal Power*, Journal of Political Philosophy, 2015, 23(2):112.
③ Allen & Mendieta E. *Justification and Emancipation*: *The Critical Theory of Rainer Forst*, State College, PA: The Pennsylvania State University Press, 2018:98.
④ Forst R. *Noumenal Power Revisited*: *Reply to Critics*, Journal of Political Power, 2018, 11(3): 294-321.

通过对复杂的权力关系结构的综合分析,弗斯特正确地将证成的权力关系置于正义和规范的背景下,重要的是要强调主体间证成的叙述是如何制度化和固定化的。正如弗斯特所强调的那样,稳定复杂的社会关系和结构的故事是多重的,如果我们认为这些结构仅仅基于一个单一的叙述,我们就无法理解权力关系的整体复杂性。一方面,权力意味着统治与暴力,这是权力关系结构的不公正的状态;另一方面,我们还可以考虑民主结构的权力形式,而这些形式则是证成的规则形式。因此,弗斯特认为,权力不一定就是支配;相反,支配与暴力却是权力行使的一种不公正的形式。

二、"本体权力"视阈中对不公正权力的批判

通过对本体领域中权力关系的分类,弗斯特成功地捕捉到了不同权力类型的真实现象。弗斯特之所以有这样的分类,是因为权力关系既是一种描述性的关系又是一种规范性的关系,我们不仅需要寻找权力关系的实际语境,更要审查在实际语境中权力关系的规范正当性。这是法兰克福学派追求社会解放的批判理论的核心。[1]

从批判理论的视角分析,弗斯特所批判的权力关系集中在支配与暴力两个层面。在弗斯特看来,支配关系是权力统治者对行为人的剥削与压迫的一种权力关系,可以说,支配是权力主体的一种虚假理由,这种虚假性在于它表面上承认或保护受权力支配的人们的基本安全和自由,而其本质则是剥削与压迫他人。在这种复杂的权力关系中,行为人没有能力为他的行为辩护,权力主体只是给了行为人一个虚假借口。

暴力的不公正比支配不公正更具破坏性,它发生在一个人被完全"封闭"于理由空间中,没有权利行使自己的基本权利。例如,处于暴力之中的主体发现自己处于一种完全不被允许挑战暴力权威的境地。这种形式的不公正经常在某些群体中出现,例如,由于不同种族、性别、语言、文化、宗教,某些人被排除在民族的自主性的"证成性叙述"之外。

---

[1] Allen A, Rainer Forst and Mark Haugaard. *Power and Reason, Justice and Domination: A Conversation*, Journal of Political Power, 2014, 7 (1):7-33.

总之,弗斯特认为,支配与暴力这两种不公正都侵犯了一个人的尊严。但是,前者侵犯了一个人作为正义"接受者"的权利,后者侵犯了一个人作为正义"行为人"的自主权。①

通过对这两种权力关系的分析,弗斯特认为,我们若要对权力关系中不公正的现象进行分析,必须首先反思什么是"不公正"。弗斯特认为,我们对"不公正"的看法总是比我们的正义观念"更具体、更直接"。② 如果我们不能从世界上驱逐出不公正,那么正义是不可想象的。于是,弗斯特对"不公正"进行了界定,认为"不公正就是支配与压迫"③。弗斯特强调,不公正的支配和暴力的权力形式将人们排除在决定证成性标准的决策过程之外,使人们失去了最基本的权利,即自主的"证成权利"。也就是说,如果想把我们对权力的分析发展成对权力的批判,我们就需要沿着弗斯特提到的路线发展一个关于证成性关系的批判理论。④ 这一理论有一个实质性的组成部分,即针对不符合相互性和普遍性的标准的不对称的社会关系进行批判。在政治领域,支配或者暴力都应该被定义为没有充分理由的统治,并且,从主体反思的角度来说,它没有适当的正当结构的证成原则。本体权力与正义的主题相连,如同正义本身一样:在弗斯特的计划中,正义的目标不是善的平等分配,而是公正分配社会中的正当的权力(Justificatory Power)。⑤ 弗斯特明确指出,从广义上讲,"本体权力"不仅是一个用来解释现存社会关系的描述性概念,更是一个规范性的概念,规定了正义和不正义的正当条件(Justificatory Conditions)。⑥具体来说,第一,这种权力关系"暴露了不合理的社会关

---

① Forst R. *Justification and Critique*: *Towards a Critical Theory of Politics*, trans. Ciaran Cronin, Cambridge: Polity Press, 2014:35.
② Forst R. *Zwei Bilder der Gerechtigkeit*, in *Sozialphilosophie und Kritik*, Frankfurt/Main: Suhrkamp, 2009:206.
③ Forst R. *Normativity and Power*: *Analyzing Social Orders of Justification*, New York: Oxford University Press, 2017:152.
④ Forst R. *Justification and Critique*: *Towards a Critical Theory of Politics*, trans. Ciaran Cronin, Cambridge: Polity Press, 2014:6.
⑤ Forst R. *Justification and Critique*: *Towards a Critical Theory of Politics*, trans. Ciaran Cronin, Cambridge: Polity Press, 2013: 11-12.
⑥ Forst R. *Justification and Critique*: *Towards a Critical Theory of Politics*, trans. Ciaran Cronin, Cambridge: Polity Press, 2014:120.

系";第二,"暴露不对称社会关系的虚假(或潜在的意识形态)理由";第三,"揭示阶级、性别、种族等的不公正的实质";第四,"诊断现有社会和政治结构的不合理的社会关系"。

具体地说,弗斯特认为,正义概念的核心内涵与武断(Arbitrary)相对立。反对非正义的首要不是想拥有某物或更多地拥有某物,而是不再忍受被剥削与压迫的折磨。简单地说,正义就是反对控制。"证成权利"表达了以下要求:如果政治的或社会的统治关系不能向受影响的人提供充分的可证成理由,那么人们就有权利抵制这种不公正的关系。换句话说,"证成权利"是一种不受制于毫无根据的法律结构或制度的权利。鉴于"证成权利"的理念,我们有权利反对不合理的支配与压迫的权力现象,并且争取主体间证成的话语权利才是通向正义的唯一道路。在弗斯特的理论中,正义的本质在于从合理的社会证成关系中发展出主体间有效的"证成权利",这种权力的观念要求证成,提供证成,并且挑战错误的合法性。总之,"证成权利"不仅保护一个人的尊严不受不正当行为的影响,而且还使一个人的自决自主权得以实现。"证成权利"作为一种政治话语权力,为政治社会的规范性的权力关系建构提供了批判的证成叙述,并在这种政治的话语权建构中最终走向了正义的规范秩序。

第二节 政治话语权与正义规范秩序的建构

弗斯特明确表示"规范秩序就是规范和价值的复合体"[①]。也就是说,弗斯特对规范性秩序的建构既是对当前不公正的规范性秩序的批判,又是对人们的自主理性能力的确证。"证成权利"代表着正义深层的规范语法,它是对历史和当今的政治社会的不断反思逐步形成的政治话语权。弗斯特认为,话语规范或原则必然隐含在话语中。"证成权利"作为政治话语权根植于多元的文化、经济、政治等语境中,在制度中体现,在实践中沉淀,在冲突

---

① [德]艾纳·佛斯特、克劳斯·君特著,邓安庆、杨丽译:《规范秩序的形成——跨学科研究纲领之理念》,《伦理学术》2016年第1期。

中受到强化与稳定。因此,弗斯特认为,"证成权利"创造了一个产生普遍的理性语言的证成空间,证成性的语言在事实上能够超越现有论证的每一个封闭领域,形成证成的规范秩序。这种规范性秩序开启了主体间辩护的理性空间,使正当合理的要求得以被提出、讨论以及证成。

一、从证成性叙事说起

(一)"叙事"的维度

"叙事性"一词最早出现在海登·怀特(Hayden Whites)的著作《叙事的虚构性》中,怀特本意是用"叙事性"来表述对历史话语的转喻论的理解。[①] 弗斯特认为,叙事不仅作为话语中的表现方式,而且叙事还可以同行动与实践联系起来。人们通常把行动的活动渗透到叙事话语的过程中,不仅包括已发生的,甚至还包括即将发生的事情。也就是说,行动活动总是包含了人们设想自己存在于故事中的行为活动中。弗斯特毫不怀疑地认为,叙事所构建起来的主体历史性的权利关系必定同时包含两个基本维度。

具体来说,一方面,主体本身的维度。叙事是关于行为者的身份与地位的"归属问题"。只有依据证成的叙事对各种历史事件和情节的定位,主体本身才能使其自身统一于行为之中。因此,这种主体自身与证成的叙事之间的统一性就成了连接世界与主体行为的中介。也就是说,自身只有通过各自的证成的叙述才能定位自身的行为,并通过证成的叙述,主体本身才能与行为事件搭建起联系的桥梁。这种叙事的证成能力可以把事件、行动以及情节整合在一起,并将那些在事件中发挥作用的施动者、受动者变成叙事的同一体。

另一方面,叙事性有他者的维度。胡塞尔在曾经试图摆脱"唯我论"限度的时候提出了"明证性"[②]这一概念,即这一概念肯定了他者的论证对于主体间证成性的确证作用。于是,在这种主体间的作用中,这种自身与他者同一性不仅包含了对自身证成性叙事的确证,还意味着他人对主体间证成叙

[①] [美]怀特著,马丽莉、马云、孙晶姝译:《叙事的虚构性》,南京大学出版社2019年版,第163页。

[②] [德]胡塞尔,李幼蒸译:《纯粹现象学通论》,商务印书馆1992年版,第328页。

事的反思与批判。

叙事构建的自身与他者两个维度充分证明了其作为政治话语权的自主性与主体间性。弗斯特认为,证成的叙述在一定程度上发展了话语的规范性力量。证成叙事的力量不仅来自于对集体的认知,而且来自于对所产生的理由、所表达的首要原则和价值观的接受。于是,这种叙事能力形成了一个社会理性空间,为维持、改变或拒绝特定的规范秩序提供了可证成的资源。弗斯特把规范性秩序说成是证成秩序,因为政治社会的规范秩序是建立在产生和再现社会和政治结构及关系的证成之上的。权力斗争是以一种特殊的方式将自己及其群体定位在这样一个社会领域中的斗争,是影响他人的理性空间的斗争。如果我们想了解某些规范性秩序中的权力动态,就需要了解优势群体证成叙事。只有这样,我们才能理解为什么当民主的概念置于不同社会的政治领域时,或许有时会变成解放的意义,有时又沦为殖民的手段。也正因为如此,弗斯特的任务将是寻找规范性证成的叙述,因为它是将证成的本质从复杂的非正义结构中分离出来,并使其可见。弗斯特的理论意欲重建思想和行动所涉及的内部视角,政治话语权力基于政治社会中的证成理由,而证成理由内嵌于证成叙事中。弗斯特强调,正当理由不仅与故事有关,而且没有故事甚至无法完全理解。

(二)证成性叙事的话语权分析

通过对权力的分析,弗斯特试图用"证成的叙事"(Narratives of Justification)①来解读权力关系的证成性,以此来证明、质疑以及拒绝各种权力关系,最终发展出具有政治话语权力的"证成权利"。弗斯特认为,人是证成的存在,理性是指在与世界的互动中以及在解释自己的行为时,能够以正当理由为指导。理性空间是一个正当的空间,它不仅使个人行为合法化,而且使复杂的思想行为系统化,从而使社会关系和政治制度合法化。正是在这个意义上,主体的证成空间绝不是孤立的空间,而是一个充满了故事的空间。这些故事的叙述处于一个相互关联的语境时空中,其中个体的事件和经验与

---

① Forst R. *Normativity and Power: Analyzing Social Orders of Justification*, New York: Oxford University Press, 2017:56-58.

集体和历史关联,而故事提供了支持的证成理由,而证成理由来源于历史和经验。

弗斯特认为,叙事在叙述结构中发挥着证成叙事的作用。具体来说,对于那些无法通过直观的角度来直接证明的事实和证据,叙事不仅作为一种"真"的标准,而且还是一种"证成"的标准。弗斯特认为,这种叙事性与证成之间的结合意味着一种嵌入式的合理证成(Embedded-rationality)形式。弗斯特强调,在这种叙事中,我们总会发现那些民族的甚至跨民族的叙事,他们都是围绕着政治事件,或者是从毁灭、迫害以及歧视的经验来叙述每一个历史。在叙事的过程中,我们通过思考与分析对混乱的事物进行分类,并赋予它们以历史和逻辑的意义,法律学者也明确表示,叙事是先于概念而产生的,它不仅会直接影响到被感知的事实,而且还会影响到事实的真实本质。那么,谁在权力关系中发挥了叙事的作用就显得至关重要了。弗斯特提醒我们,例如,在教室里挂耶稣的画像,或者女教师戴头巾,这些事例都是各自文化的宗教的自由,我们无理由也没有权利用人道主义的借口去干涉。因此,证成性叙事对于理解社会冲突与正当秩序的建构是必不可少的,这种叙事总会被陷入一种冲突中,这种冲突被人们的真实感受、视野和经验共同决定,他们发展了规范性问题的意识,形成了多元的证成性的叙事。

于是,弗斯特进一步解释,在多元文化发展中,正当性叙述在一定程度上发展了规范性力量,使政治和社会世界从多元化角度出发,将过去、现在和未来,以及个人和集体联系起来,形成一种公认的正当性秩序。正当性叙述的权力来源于其历史解释力和规范性的接受;叙述反过来又证明它的历史正确性,并最终取决于它的规范可接受性,并由反思来检验。这种自我反思检验的标准不是从外部强加的正当性命令,而是内部对现行正当性的批判性质疑的结果。弗斯特讨论叙事并不是从一个"纯粹"的话语概念出发,而是把这些叙事贯穿于语境化的情况中。弗斯特并不认为,理由可以发生在单一的叙述的语境中。尽管它们出现在特定的语境中,但叙述也指向了其他方面,并作为批评这种语境的基础。这种秩序嵌入在历史情境中并在证成叙述中形成,在很长一段时间内被传承和修改。叙述的概念相应地充当了一种启发式的手段,将旨在理性说服的正当性的规范性维度与社会有效正当性维度联系起来,这些正当性维度被作为有说服力的参与者所认识和实践,并由他们各自的经验和行为构成。于是,弗斯特认为正当性叙述是语境合理性的体现。

在这种动态发展的主体证成叙事中,证成的要求与既定的秩序之间存在张力,也即是弗斯特的规范秩序形成的冲突动力学。这种规范性秩序开启了主体间证成的理性空间,是证成的要求得以被提出、讨论以及证成的场所。这种规范性秩序的旨趣出自人类是可证成的存在,他们拥有自由与平等的权利。弗斯特对规范性秩序的建构既是对当前不公正的规范性秩序的批判,又是证明主体具有扭转甚至形成新的规范秩序的理性能力。因此,弗斯特致力于从"本体权力"中发掘政治社会制度中的不公正现象的实质,从这些不公正的现象出发,弗斯特用主体间的"证成权利"作为对抗剥削与压迫的首要武器,这是追求证成与解放以及建立统一的正义规范秩序的实质要求。

二、从"证成权利"到政治话语权

(一)内部视角与外部视角

相比较功能主义从外部视角讨论规范性因素来说,弗斯特坚持从内在视角来阐述主体行为与思想所形成的以"证成权利"为基础的规范秩序,尤其涉及为规范秩序奠基的规范问题。他认为,证成的规范秩序可以被理解成为:这种证成的规范秩序以获得证成性为基础,并同时为社会规范提供正当性证明。在这个过程中这种规范性秩序绝非在封闭性的空间中,而是在复杂的权力斗争中生成。因为与纯粹的道德问题不同,政治是一个相对复杂的领域,任何政治决策、行动或制度的理由是否能够达到这证成标准都是值得怀疑的。然而,互惠性和一般性标准旨在"检验现有证成性叙述的界限",揭露其思想性和武断性,并用更具包容性的证成取代它们。[①] 这种证成的叙事是在独特的历史中形成的,并经过了长久的传承、流变和制度化。经过这个过程,每个被确定下来的合法性也同时提供了批判、否定以及反抗的

---

① Forst R. *A Critical Theory of Politics: Grounds, Method, and Aims. Reply to Simone Chambers, Stephen White and Lea Ypi*, Philosophy and Social Criticism, 2015,41(3): 225-234, 228.

起点。从这个意义上说,证成的规范秩序开启一个社会理性的商谈空间,使证成的要求得以在其规范秩序中被提出、商讨以及证成。弗斯特称之为证成要求和既定秩序之间穿透性的张力,即是规范秩序形成与变化的冲突动力学。与此同时,弗斯特认为,这种冲突实际上开启了一个社会的理性空间,在这里"证成权利"要求可以被提出和讨论。在这里,人们会直接地表达出他们的非正义经验,就会不可避免地陷入冲突中去。弗斯特举出了一些例子,比如,他们不愿成为种族冲突的牺牲品,也不想成为西方霸权主义的牺牲品;他们不愿意接受经济全球化的规律;他们不愿意因出生在一个被世界市场边缘化或者被独裁政府所剥削的国度;他们不愿意为所失去的健康和生活买单;他们拒绝成为跨国垄断集团的消费者;等等。因此,个人和集体对于不公正、被漠视和屈辱的经验自我提升为规范的要求,将以不同的理由对不同的受众提出。弗斯特强调,从经验上我们注意到,那些与主体对立的规范要求,总是与一些非正义、拒绝认同以及支配的不平等对待的消极经验相关,而我们没有在这方面对全球社会系统中制度性的差异性进行反思。

弗斯特认为,从参与者的视角来看,规范秩序的形成过程通常表现为各种对不公正现象的冲突与斗争。一个规范是否确实在实践行为中有效,不能只通过违背既定的规范本身而遭到批判来衡量,而是要在规范秩序中发展由参与者决定的商谈空间。出自参与者视角的这种对权利的审视,诚然并不涉及当下关于合法的世界秩序的冲突,或者也不涉及规范秩序的更早的冲突,而只是被作为一种围绕证成理由之间的争论。当然,没有人能否认,证成理由必定不能只依赖于外在条件,因为通过这些外在条件并不能产生出证成的理由。然而,弗斯特却争辩道:"假如我们首要地从诸如经济学的因素来解释社会的系统分化或权势结构,而不是把它理解为证成辩护的争论,那个冲突的动力学就被我们的看法低估了。"[①]

弗斯特认识到世界中存在分歧的现实,他不依赖于纯粹的共识来证明规范的正当性。相反,他使用合理的分歧的概念来发展一个更广泛和更灵

---

① [德]艾纳·佛斯特、克劳斯·君特著,邓安庆、杨丽译:《规范秩序的形成——跨学科研究纲领之理念》,《伦理学术》2017年第1期。

活的证明标准。弗斯特说,当一项规范可以给出相互的和一般的理由,但没有提出反对的理由时,我们可以暂时得出结论,即该规范"不可合理地拒绝"。因此,即使在缺乏共识的情况下,也被认为是合理的。通过采用这种扩展的证成性概念,弗斯特保持了一个共同的"理性领域",同时仍然为分歧与争论留有空间。弗斯特赞同霍尼特的观点,即一个批判理论应该把自己理解为一种"属于历史有效原因的反映形式",它代表着一种解放力量。[1] 弗斯特认为,进步体现在这样一种正义的"证成权利"中,克服了对社会关系不充分的证成性,建立了完善的证成性的权力关系。准确地说,任何规范性的证成秩序只有在为这种自反性检查留出足够的空间时才能算是有根据的。叙事本身不能超越这种批评的规范性,这种规范性是根本性的。

(二)证成权利与政治话语权

弗斯特提醒我们,事实上对于不公正的愤怒已经充分向我们显明,具体情况下的非正义也可能因为某种权力关系使之合法化。当行为理论的选择鉴于现实的种种挑战而趋于出现警报时,我们需要一种正义的规范话语权力,这种正义的话语权力可以超越行动理论和结构理论之间的二分法,聚焦于内在观点或穿透性的视角,确立"证成权利"的理性话语程序。

弗斯特从"证成权利"转换为以证成叙事为基础的政治话语权力具体表现在两个方面。第一,这种联系揭示了话语与权力的密切关系。弗斯特积极思考主体摆脱支配或暴力的权力束缚,从而实现自主"证成权利"的实践路径。弗斯特认为,权力的正当性必须用话语的形式来加以分析:用证成叙事的方式把权力的诸多形式放置于政治话语的理性空间中,分析其来源和证成方式,并考察观点、立场与结构,并最终在证成的原则基础上建立起自由、平等的"证成权利"关系和结构。其实,话语的空间即是主体"证成权利"的空间,对"证成权利"的话语分析就是分析决定权力空间的现实过程。弗斯特认为,这种分析至少应从两个层面进行:一方面,针对统治权威所进行的政治话语分析,比如,谁有哪些可能性来影响证成秩序呢?另一方面,对

---

[1] Honneth A. *Pathologies of Reason: On the Legacy of Critical Theory*, trans. J. Ingram, New York: Columbia University Press, 2009:42.

政治社会中的权利状态进行的政治话语分析,例如,在不同的社会领域和政治领域,各种权力关系是如何构成的?由此可见,权力的话语特质不仅涉及权力的证成问题,也关涉证成的权利问题。

第二,这种联系稳固了话语与证成的关系。"证成权利"可以是一种社会结构关系,它依赖于证成的理由叙述。于是,弗斯特重新界定了"权力"概念:权力不是一个固定不变的形式,而是针对所有权利的证成关系。弗斯特关于话语和证成关系的分析打开了新的思路和研究领域。正是因为权力不是固化的,而是流动的,这就给予了主体间政治话语纠正其不合理权力关系的可能性。基于这样的认识,在相互性和普遍性标准的帮助下,政治话语权被理解为一种讨论过程,其主要接受人是以相关方式受到影响的人,而这更符合道德的含义,即尊重弱势群体的正当要求。这些主张直接进入了政治社会的道德正当性。根据证成原则,道德人具有作为政治话语权的基本的正当权利,这项权利赋予每个道德人一项否决权,即反对不合理的权力。每个人都可以坚持这一权利并要求适当的理由,每个人都有义务在权力关系中提供这些理由。

总的来说,通过"证成权利"作为政治话语权的诠释,弗斯特认为我们可以辩证地看待权力关系。因为权力不是社会正义规范秩序的对立面,而是具有证成性的权力。权力作为一种政治话语权,有能力在理性空间中做出正确的判断,或者说在这种证成的理性空间中,权力只存在于那些被主体间视为正当的地方。因此,若要分析权利关系,必须找到通往不同正当性的入口,而只有这种证成的权利关系才能使一种正义的规范秩序得以形成、稳定以及得到辩护。

三、从政治话语权到正义的规范秩序

(一)主体的自我反思:从规范性、民主到正义

分析正义规范秩序结构的时候,弗斯特提醒我们务必要明确三个概念,即合法、民主、正义。弗斯特假定这三个概念是按照增加自我反思的规范内容来排列的:合法性的概念被认为比民主的概念涉及较少的规范性,而相比之下,正义不仅被视为最高的政治利益,而且似乎与民主的概念相竞争,并

超越了合法性。弗斯特关注的不仅仅是这三个基本的政治规范性概念之间的关系,而更重要的是,弗斯特认为,它们给出一个主体间政治话语权的反思过程。弗斯特从合法性的概念开始,到更实质性的民主规范性概念,最后是正义概念。这些构成了一系列的政治话语权的规范实践的秩序,表现出越来越强的政治话语权的理性反思能力,这意味着,这一系列的概念还有一个进一步的基础,即"证成权利"。作为一种实践理性的权利形式,它包含了这样一个必要条件:每个人都具有基本的证成话语权利,同时,具有同等约束力的规范必须对所有作为自由和平等的人都是正当的。弗斯特认为,无论是在国家内部,还是在跨国(Transnational)、国际(International)以及全球(Global)规范秩序的形成方面,澄清这些概念之间的关系都是很重要的。这些评价性问题对于任何一个属于政治共同体的人来说都是不可避免的。弗斯特试图根据上述基本概念之间的关系问题,来确定规范秩序有效性主张的最终正当理由,即作为政治话语权基础的"证成权利",最终给出一个对于正义的反思性的回答。

首先,从合法性层面来说,弗斯特认为,一个政治规范秩序所要求的合法性包含两个层次:一种是外部的约束力,这种约束力总是建立在一个先行的规范性之上;另一种是内部的合法性,它包含承认的价值及其正当性(或可证成性)的价值,因此,它产生了进一步的合法规范、规则或法律。弗斯特重点分析了第二种的内在规范性。从内部的角度来看,秩序作为一个整体的合法性必须与其中的单一制度或个别规则的合法性区分开来,弗斯特分别将它们称之为"整体合法性"与"个别合法性"[①]。然而,整体的合法性即使在后者有时失败时也会得到保留,除非这种失败指向结构性缺陷,而结构性缺陷也会使整个秩序的合法性受到质疑。同时,弗斯特又提出一个问题,那就是,合法性是一个描述性的概念还是一个规范性的概念? 弗斯特直截了当地回答:合法性概念可以有描述性的或规范性的分析方式,重要的是要将这些分析方式加以区分。合法性有很多不同的原因或动机,这取决于证

---

① Forst R. *Normativity and Power: Analyzing Social Orders of Justification*, New York: Oxford University Press. 2017:132.

成的空间如何建构。合法性一般意味着规范秩序的正当性,它解释并证明对受其约束的人的一般约束。但是,这种合法性概念只有通过进一步的规范性来源才能成为一种特定的概念。因此,合法性的概念在本质上总是在描述性以及规范性的重叠之中,弗斯特认为,每当它不清楚是哪一种来源被用来丰富合法想象的概念时,就会出现混乱的情况。

从弗斯特对合法性概念的阐述中我们发现,合法性的概念不需要人们太多的自我反思,只要我们区分其合理性的描述性与规范性的基本理念就可以了。因此,合法性的自我反思程度是极低的。

其次,从民主层面分析,在现代社会,民主观念被认为是发展合法性观念的最重要的规范资源。弗斯特总结说:"民主在于自由平等的公民之间进行辩论和给予理性的政治实践,这种实践中,个人和集体的观点和立场可以通过商议而改变,只有那些基于理性的协议而产生的规范、规则或决定在公民中才能被认为是合法的。"[1]证成叙事将"证成权利"从一种在正式制度中的某种脆弱或被动的东西转变为民主实践。[2] 他将民主化的实践描述如下:"当规则和统治的关系得到恢复并转变为正当的关系时,当它产生了能够成功地挑战任意统治的结构,例如通过有效的'争夺'时,就被正确地称为'民主化'。每当特权者被迫放弃他们的特权,因为这些特权已经失去了合法性,在受到证成体系内的批评和形成反权力之后,这意味着民主的增加。"[3]其核心是这样一种观点,即那些服从规范性秩序的人必须能够成为这一秩序的共同作者,民主强调了规范秩序中对于秩序的共同作者的地位,民主的自我反思性防止制度变为专制制度,从而破坏这种共同作者的地位。

因此,弗斯特指出,民主比合法性具有更强的自我反思维度,并对这些

---

[1] Forst R. *Normativity and Power: Analyzing Social Orders of Justification*, New York: Oxford University Press. 2017: 133.
[2] Yates E. *Opening "Political Context of Injustice"*, in *Justification and Emancipation: The Critical Theory of Rainer Forst*, ed. by Amy Allen and Eduardo Mendieta, State College, PA: Pennsylvania State University Press, 2019: 107-110.
[3] Forst R. *Transnational Justice and Non-domination: A Discourse Theoretical Approach*, in *Normativity and Power: Analyzing Social Orders of Justification*, trans. Ciaran Cronin, Oxford: Oxford University Press, 2017: 222.

程序及其结果的正当性提出质疑。这种批判性的反思既与民主有内在的联系,同时又超越了民主的具体、实践表现。正确理解民主,必然有一种自我批判的实践。然而,弗斯特强调,民主的理念并不代表一种独立的"价值",而是建立在自主思想的基础上,具有避免政治任意性(即统治)的含义。无论任何权力由某些人对其他人行使,它都需要正当理由——而正当理由不仅仅是一种想法,而是一种实践。[①] 民主就是正义的政治实践。

最后,在正义的层面上,弗斯特认为,正义的概念处于中心阶段,因为正义是关于政治秩序的基本规范性概念。尽管民主的概念比合法性的概念更具自我反思性,但它规范地依赖于正义的概念。正义是对虚假合法性的批判性反映,因此代表着更高层次的规范性自我反思。正义让我们觉得,我们有义务为那些遭受不公正的人提供证成。具体来说,民主化首先涉及处理不合理的统治和统治关系。弗斯特强调,谁支配谁。其实,这个问题定义了作为正当理由的正义语境的边界。[②] 这就是为什么对他来说,一个现实的正义理论需要一个"复杂的非正义理论"来解释的原因,因为"追寻正义首先是从非正义的背景开始的"[③]。弗斯特认为,由于政治背景下的正义要求不可以有正当理由之外的社会关系,因此正义的首要任务是结束任意统治和暴力,通过改变证成本身的关系,使所有受政治权力支配的人都被视为有证成性权利的人。[④] 弗斯特将正义定义为"反对任意统治或统治关系的人类美德和道德政治要求"[⑤]。因此,"公正的社会秩序是自由和平等的人可以根据制度化的正当程序给予同意的社会秩序"[⑥]。这是弗斯特的一个基本点,他强

[①] Forst R. *Justice and Democracy: Comment on Jürgen Neyer*, in *Political Legitimacy and Democracy in Transnational Perspective*, Oslo: Arena, 2011:39.

[②] Forst R. *Justifying Justification: Reply to My Critics*, *Justice, Democracy and the Right to Justification: Rainer Forst in Dialogue*, London: Bloomsbury Academic, 2014:169-216.

[③] Forst R. *First Things First · Redistribution, Recognition and Justification*, European Journal of Political Theory, 2007, 6(3): 295.

[④] Forst R. *Justification and Critique: Towards a Critical Theory of Politics*, trans. Ciaran Cronin, Cambridge: Polity Press, 2013: 110.

[⑤] Forst R. *Justification and Critique: Towards a Critical Theory of Politics*, trans. Ciaran Cronin, Cambridge: Polity Press, 2013: 110.

[⑥] Forst R. *Justice, Democracy and the Right to Justification: Rainer Forst in Dialogue*, London: Bloomsbury, 2014: 21.

调了这一点的递归含义。他认为"政治与社会正义需要相互和普遍有效的制度结构规范"①。

相对于民主的自我反思,正义的自我反思提出了明确的标准和要求,它为主体间政治话语权提供了标准。这一要求本身的表述必须是开放的,以接受质疑,而不是孤立的决策。一般而言,弗斯特认为,所有受有关准则影响的人都必须有同样的机会提出证成的主张。根据弗斯特的要求,正义必须以普遍性和相互性的标准为依据,因为它们构成了衡量政治话语权的标准。只要这些标准得到尊重,实质性问题上的分歧就有可能防止否定每一个主体无可置疑的"证成权利"的危险。这一概念是康德意义上的一个必要条件,它意味着每个人都有不可否认的权利,并"作为一个具有自我辩护能力和要求辩护的道德人而受到尊重"②。更具体地说,如果一个人接受"证成权利",这就意味着他有一定的责任。首先,在审议中必须以普遍性和相互性为指导。第二,人们必须愿意对这种审议结果的实现和后果承担责任。第三,必须愿意对集体决定及其对非政治社会成员的后果承担责任。因此,弗斯特的民主观建立在其选民的互信之上,这是正义和责任这一共同概念的结果。

弗斯特的正义规范秩序是将我们对规范性、民主与正义的思考转向政治方向。这发生在主体间的"证成权利"的理由空间内,在这种空间中,人们将彼此识别为人类同胞,容易遭受痛苦并分享共同的人性。弗斯特描述了一种道德和规范的认知,在这种认知中,我们对他人作为人类的体验同时也意识到必须人道地对待他们。这种复杂的认知形式意味着一种对他人的责任。尊重他人的规范或行为辩护是一种义务,反过来又产生了相应的权利:"证成权利"。对于弗斯特来说,证成性取决于特定的话语形式。它必须是相互的和普遍的,从而确保在考虑各种利益和观点时的对称性。在证成原则的范围内,任何话题或理由都是公平的。

---

① Forst R. *The Right to Justification: Elements of a Constructivist Theory of Justice*, New York: Columbia University Press. 2012:199.
② Forst R. *The Right to Justification: Elements of a Constructivist Theory of Justice*, New York: Columbia University Press. 2012:107.

弗斯特认为,我们在正义的立场上必须反对以支配或暴力为主导的权力关系,并且树立以"证成权利"为基本的道德权利。作为社会行为人的公民必须有权共同确定这种正义的标准,"共同确定社会结构"本身。[1] 因此,作为道德规范基础的"证成权利"变成了主动的"民主权利"。[2] 在政治领域,"证成权利"从单纯的道德权利转变为政治话语权,它是在政治、法律和经济机构的辩护中不可忽视的权利。辩护的道德权利是建立在一个道德人的概念上的,亦即一个"理性给予和理性值得存在"的人的概念上的。[3] 这种"证成权利"随后被社会"保障"在民主政治权利中,这是一种"不可否认的充分加入社会的权利",它不仅保护一个人的尊严不受不正当行为的影响,而且还使一个人的自决自主权得以实现。[4] 也就是说,弗斯特的人权观不仅保护人的自主性和能动性,还赋予人的自主性以政治表现主义的色彩,弗斯特称之为权利的双重自我反思性。[5] 哈贝马斯将权利与民主之间的关系概念化为法律形式本身所协调的关系,而弗斯特则声称,正当权利是"基本人权和民主自主程序证成性的唯一来源"[6]。在合法性、民主与正义的自我反思过程中,"证成权利"保障了个人作为正义的"接受者"和"行为者"的地位。[7]

(二)正义规范秩序的结构

弗斯特从规范性、民主到正义的转变中,逐步扩大了主体对于"证成权利"作为政治话语权的自主反思能力。但是,弗斯特提醒我们,在这种政治

---

[1] Forst R. *Justification and Critique: Towards a Critical Theory of Politics*, trans. Ciaran Cronin, Malden: Polity Press, 2014: 64.

[2] Forst R. *The Justification of Human Rights and the Basic Right to Justification: A Reflexive Approach*, Ethics, 2010, 120(4): 730.

[3] Forst R. *The Justification of Human Rights and the Basic Right to Justification: A Reflexive Approach*, Ethics, 2010, 120(4): 722.

[4] Forst R. *The Justification of Human Rights and the Basic Right to Justification: A Reflexive Approach*, Ethics, 2010, 120(4): 737.

[5] Forst R. *The Justification of Human Rights and the Basic Right to Justification: A Reflexive Approach*, Ethics, 2010, 120(4): 737.

[6] Forst R. *The Right to Justification: Elements of a Constructivist Theory of Justice*, trans. Jeffrey Flynn, New York: Columbia University Press, 2012: 115.

[7] Forst R. *Justification and Critique: Towards a Critical Theory of Politics*, trans. Ciaran Cronin, Cambridge: Polity Press, 2014: 121.

话语权的转变过程中,我们需要明确几个方面:第一,政治话语权的规范基础并非法律本身的内在基础,而是来自于道德权利和义务。第二,公民有权参与政治社会中的政治决策。它解释了公民不仅具有影响的道德权利,而且在应用话语中是积极的正当参与者。第三,正当程序必须具有相互和普遍性的证成标准,尤其必须对那些在公共领域中的弱势群体格外重视。弗斯特的康德式的普遍性表现更加强调倾听那些被沉默的人,看到那些被隐形的人,特别关注那些被边缘化的人的尊严。第四,权力的实施者的"正当理由叙述"必须向社会中的公民开放。换言之,有关政治社会是什么、其职责和义务、适用法律的性质等的叙述不得"封闭"广泛的公众审查。

从以上几点,弗斯特提醒我们需注意的是,我们建构正义规范秩序的结构必须从简单的或具体化的正义概念中解放出来,因为这种正义概念与柏拉图式的意义联系起来,把人们从民主自决中剔除了,它是专门针对结果或物品的分配,这种正义观点不仅预先假定了最终的分配模式,而且还预先假定了一个无可争议的分配权威的形象。这种理论没有认识到真正的正义问题是创造一种基本的正当结构,这样,相关的法律与政治制度只有在人们成为这些机构内规范的共同作者的情况下,才能驱逐任意性。政治和社会的正义要回答的问题是政治和社会关系是否合理,这个问题的答案是呼吁建立一个基本的正当性结构,在这种结构中,证成性问题不仅成为一个关于维持规则关系的正当性的问题,而且特别关注主体间是否有权审查统治的合法性。因此,正义的规范秩序必须能够满足两个条件,即现有正当理由的要求和追求的证成结构。

在正义社会规范秩序的建构中,作为"证成权利"的政治话语权发挥了重要的作用,用弗斯特的话来说:"规范秩序就是在规范性的基础上拥有证成话语权力的秩序。"可以说,政治话语权就是政治规范秩序的权力基础,而政治规范秩序则是政治话语权产生的保证。社会秩序被接受为一种正当的秩序,权力被整合到正当理由的某些叙述中。根据这种叙述,社会关系和制度以及某些思维和行为方式是正当和合法的,相应的理由都可以有充分的根据,并有充分的理由共同分享。从规范意义上讲,这意味着自由和平等的人之间的社会和政治关系有正当理由的权利。这意味着受权力支配的人有证成的政治话语权,通过这种政治话语权,作为具有平等地位的规范性权威,主体能够质疑给定虚假理由的支配或霸权方式。

由此,弗斯特认为,社会系统由这种基本的"证成权利"的关系作为基本的结构,以此产生了更多话语权利关系体系,它们结合在一起就成了"证成权利实践的集合"[①]。在满足这一基本证成结构后,政治社会的一些子系统包括法律体系、行政/官僚体系、医疗/保健体系、市场经济、教育体系、正式的政府机构等。所有这些子系统都有自己的"证成性叙述",围绕着各种核心理念展开:正义和平等(法律体系)、效率(行政)、身心健康(医学)、繁荣与私有财产(市场经济)、机会与社会化(教育)、秩序与责任(执行机构)等。尽管这一清单并非详尽无遗,但这正是弗斯特用"一个合理秩序结构"这个短语所暗示的内容,其中包括他对本体权力的概念所允许的合理程度。[②] 从社会学的角度来看,与他的"正义语境"类似,人们可以将这些叙述认为是"正当的语境"或"叙述的语境",以突出每个子系统的微观历史。弗斯特认为,无论是来自人民还是子系统中的行动者,都指向他所说的"证成性叙述"的主体,这种"证成性叙述"的主体构成了所有政治、经济和社会机构的本体权力基础。

因此,在这个结构基础上,弗斯特发展了他的基本正义与最大正义观念。弗斯特认为,在具有基本道德特征的"证成权利"及其证成原则的基础上,可以建立一种在政治社会层面上的"正义的证成"理论。根据正义观念的不同权利结构类型,将正义的规范秩序结构划分为两类:基本正义(Fundamental Justice)(又称最小正义)与最大正义(Maximal Justice)。[③] 基本正义要求建立最基本的证成关系结构,使全体成员享有平等与自由的政治地位和基本的道德权利,共同参与并决定政治社会的制度建设。而最大正义是建立一个充分证成的基本结构,包括各种权利、机会和物品的分配。基本正

---

① Forst R. *Justification and Critique: Towards a Critical Theory of Politics*, trans. Ciaran Cronin. Cambridge: Polity Press, 2013: 5.

② Forst R. *Justification and Critique: Towards a Critical Theory of Politics*, trans. Ciaran Cronin. Cambridge: Polity Press, 2013: 108.

③ Forst R. *The Right to Justification: Elements of a Constructivist Theory of Justice*, trans. Jeffrey Flynn, New York: Columbia University Press, 2012: 183.

义意味着证成需要通过一种话语建构性的民主程序来实现。基本正义并不能勾画出一个良序社会的宏伟蓝图,但基本正义是实现最大正义的基础,是最大正义的一种实质性保证:它以辩护的道德权利为基础,构建起一种基本结构,以确保个人按照相互和普遍的标准建立制度,并确保证明公民平等的有效地位,保证公民真正参与和影响社会公正的可能性。基本正义是最低限度的正义标准。

为了能够争取最大正义,基本正义是必要的。弗斯特认为,基本正义就是通过话语的民主程序建设而进行的证成过程,但是,弗斯特强调,基本正义不是"极简主义"的政治民主结构,它必须根据互惠和普遍性的标准来合法化和评估作为最低限度的内容。弗斯特认为他的这种理念比罗尔斯"差异原则"具有更高的层次以及更具话语性质。罗尔斯的"差异原则"给予那些"受益最少的人以否决权"。弗斯特认为,罗尔斯的这种正义原则本身并非特殊的分配原则,而是一个高阶的正义原则,包含了对"平等分配的假设"。弗斯特指出了罗尔斯的问题是这种差异原则首先要有适当的标准,然后必须有同样的实质性论据来证明什么是平等或不平等的分配,而弗斯特所认为的正义实质是一个基本的平等的"证成权利",不是对物质平等的假设。因此,基本正义表现为一种看似矛盾的方式,即程序正义的实质含义:在使用道德权利进行证成时,一种基本结构被认为是个体具有相互和一般地确定相关制度本身的真正可能性。基本正义确保所有公民作为真正有可能参与和影响的公民享有"平等"的有效地位。当基本的证成权力在政治社会中存在不平等分配时,就会违反基本正义。

弗斯特表示,只有真正实现了基本正义,才有可能发展最大正义。这是一种证成性的差异化正义理念。在最大正义的结构中,弗斯特主要考察的是物品的规模、生产方式、分配权等问题。可以说,基本正义考量了实现"证成权利"的基本的必要条件,包括话语的方式与递归的方法等。而最大正义则更多关注社会结构以及其他价值方面。例如,善的观念,以及自由、民主、平等与承认等价值观。当然,最大正义所关注的方面必定是在基本正义层面上的"证成权利"的基础上发展而来的。因为在弗斯特看来,只有主体最基本的"证成权利"是最基本的,其他的价值观念不具有普世的效力,随时都有可能改变。

  总之,基本正义是最大正义的规范基础,在不违反基本正义所规定的一元规范原则的前提下,最大正义的诸多价值规范都可以发挥其价值评判的能力,以此来满足人们对美好生活的追求。更重要的是,只要有基本正义保驾护航,最大正义绝不会沦为不公正统治权力的牺牲品。弗斯特对于两种正义划分的最大意义在于为正义的规范秩序划界。以"证成权利"为基础的基本正义具有绝对意义上的优先性,它为权力的分配制定了框架。而在最大正义的领域中,弗斯特认为正义需要考虑到主体的个体差异,并在价值层面上允许诸多价值观念的特殊发展。因此,以"证成权利"为核心的基本正义为各种善的理论的可普遍化提供了规范标准。在这个意义上说,弗斯特的理论比其他理论都更适合社会的多元文化的现实。

第四章 基于"证成权利"的跨国正义与人权观念

弗斯特认为,"证成权利"在道德与政治层面所建构的社会证成关系需要扩大视野,并在全球化进程中来探问如何摆脱国家内与国家间多重的统治和暴力,从而实现证成的跨国正义。弗斯特认为,他的跨国正义观念为寻求世界范围内的正义观念提供了新的选择。通过对跨国语境下的不公正与统治的多重权力关系的分析,弗斯特把"证成权利"变成一种人权观念,其目的是达成一种既具有文化中立性又具有文化敏感性的人权概念。弗斯特认为,这种人权是在社会文化内部的冲突中产生,以"证成权利"为基础的人权观念并不准备将不同的道德观点融为一体,而是接受多元文化作为一个不可避免的永久的现代性条件。因此,弗斯特正义理论的目标不是克服分歧或异议,而是在不同的主张、立场和观点之间建立一种建设性的话语性的协商,从而创造一种程序过程,通过这种程序过程,冲突可以被引导到话语中,从话语展开协商,由协商达到理解与共识。因此这种跨国正义的人权观念被证明是跨国性的、特定语境的、不可拒绝的,又具有普遍的效用。

第一节 "证成权利"与跨国正义观念

弗斯特的跨国正义观念是在批判与分析国家主义正义观念与全球主义正义观念的基础上形成的。弗斯特认为,我们必须超越"国家内部"与"国家之间"的传统束缚,并深度剖析跨国语境中多重权力的统治与压迫的不公正现象,从而在证成的跨国正义的层面上正确地定位正义的规范意义。

一、弗斯特跨国正义观念的形成

弗斯特认为,在传统观念中,如果超越国家界限讨论正义问题,我们要考虑的问题是,究竟是在国家主义意义上寻求国际正义(International Justice),还是在全球主义意义上探寻全球正义(Global Justice)。前者从国家利益角度考虑,并认为国际正义的原则是从国家内部规范发展而来的;而后者将个人作为正义的首要目标,并直接从整体世界的角度规范所有人之间的关系,确保个人福祉的实现。弗斯特把前一种观点的支持者称为国家主义者(Statist),而把后一种观点的支持者称为全球主义者(Globalists)。[①] 弗斯特对国家主义和全球主义分别进行了审查。他认为,国家主义从国家利益和国家道德角度来发展国际正义,具有道德缺陷、民主缺陷与平等缺陷。全球主义从个人的福祉出发来诠释全球正义观念,其理论的弊端包括引发超级大国的危险,具有不平等的因素,是抽象的、脱离语境的观点。

弗斯特认为,正义的理念在国家主义与全球主义之间并不是非此即彼的简单状态,它们任何一方的观点都无法确定具有普遍效力的正义原则,更无法彻底摆脱多元文化的冲突所造成的剥削与压迫。我们必须超越"国家内部"与"国家之间"的传统束缚,并深度剖析社会和结构正义或非正义的多个跨国语境,从而在跨国正义的层面上正确地定位正义的规范意义。[②] 弗斯特所强调的跨国正义观念试图抓住国家主义者和全球主义者辩论双方最有力的论点,从而发展出跨国正义的批判理论。

(一)国家主义的正义观

弗斯特认为,国家主义所推崇的国际正义以国家的规范为依托,从国家的规范理念延伸到国际的正义观念。根据国家主义者的观点,在国际上作为政治共同体的国家是国际正义的主体,国家环境是正义的主要环境,只有

---

① 弗斯特在做这两种分类的时候已经意识到,这种分类只是大多数学者的观点,除此之外,学界也有许多不同的观点。例如,自由主义者强调人民的自主,社群主义者强调文化社区的完整性,民族主义者主张维护国家的独立,以及这些观点混合在一起的其他各种观点。

② Forst R. *Towards a Critical Theory of Transnational Justice*, Metaphilosophy, 2001, 32(1): 160-179.

国家内部的规范准则才是根植和实现国际正义的先决条件。国家主义的代表人物是约翰·罗尔斯(John Rawls)、托马斯·内格尔(Thomas Nagel)、迈克尔·布莱克(Michael Blake)以及安德里亚·圣乔瓦尼(Andrea Sangiovanni)。

从国家主义的正义观来看,国家主义奉行国家道德立场,道德的主要行为主体是国家,例如,罗尔斯在其著作《万民法》(The Law of Peoples)中阐述了其民族国家的观点。罗尔斯把各国人民的道德规范准则称之为"The Law of Peoples"[1]。显然,这里的"People"是罗尔斯理解国际关系的主体,它代表人民的国家地位。虽然罗尔斯在《万民法》也强调尊重人的基本权利,但它的根本出发点与落脚点却是国家的整体利益。人们在"无知之幕"的作用下优先考虑国家利益的影响,个人利益似乎不在优先考虑范围之内。托马斯·内格尔曾这样说:"正义是我们通过共同的国家制度产生的,正义只存在于那些我们与之有着强烈政治关系的人之中,或者说这是一种联合义务。"[2]罗尔斯和内格尔的观点表明,正义实际存在于政治社会关系的国家语境中。

从国家主义的证成进路分析,国家主义者实行了两种不同的证成进路:第一,强制性的进路,第二,互惠性的进路。布莱克和内格尔主张前者,他们认为,国家是由多种强制性制度和规范建构起来的,从而形成了一套完备的政治法律体系。我们在这套强制性的国家体系中,遵守法律与制度,同时这种强制性的法律与制度也要求个人对其进行证成的辩护。布莱克认为,"国家的规范性在于国家的强制以及人们对于它的辩护"[3]。圣乔瓦尼则反对强制性的进路,他坚持从互惠性的进路出发论证国家主义的合理性。这种互惠性凸显了个人与国家之间建构起的相互依存关系:一方面,公民为国家的建设作出贡献;另一方面,国家根据其贡献,相应地为公民提供一系列的公共服务,使得公民安居乐业。因此,个人与国家之间相互依存,逐步形成了一种互惠关系。圣乔瓦尼声称,正是由于这种互惠关系,国家主义的平等正

---

[1] [美]罗尔斯著,陈肖生译:《万民法》,吉林出版集团2013年版。
[2] Nagel T. *The Problem of Global Justice*, Philosophy and Public Affairs,2005,33(2):121.
[3] Blake M. *Distributive Justice, State Coercion, and Autonomy*, Philosophy and Public Affairs, 2001, 30(3):257-258.

义原则才得以实施。

从国家主义所坚持的平等主义的范围来看,国家主义者崇尚的是国家范围的平等主义的观点。罗尔斯在《正义论》中提出了作为公平的正义的理论,并且提出了维护良好秩序的社会的两个正义原则。罗尔斯"原初状态"的设想规定了一系列契约主义的基本特征,正义在这种"原初状态"中成了正义的起点,其目的是在公平的程序中设置一种纯粹的程序正义基础。通过"无知之幕"的假设,那些与自身利益相关的特殊性就被屏蔽了,我们可以排除偶然性状态,从而避免人们依据自己的利益而使他人陷入不公正的冲突。因存在"原初状态"和"无知之幕"的假设,签订契约的各方由于不知道自己的生活前景,于是倾向于选择"最大最小值"原则,因为依据这种原则,尽管某一方处于社会最底层或者最坏的状态,这种原则可以使利益最大化,从而得出普遍的正义观。罗尔斯在《万民法》中讨论了不同国家之间的国际正义实现方法,这一方法其实就是《正义论》中契约论假设的进一步扩展和延伸。罗尔斯认为,世界层面中的各种自由民主社会均采用普遍的原则来协调彼此间的相互关系。而相比较国家内部的正义建构,虽然国际层面的正义理念因其所包含的内涵、特征以及范围都比国内正义要复杂,但是,国内的正义在某些方面在一定程度上是可以在国际正义的建构中发挥一定作用的。从国家正义到国际正义,罗尔斯设置了两次"原初状态":第一次是各个国家内部的社会基本结构的假设;第二次是在世界的范围内,以各个自由的国家为基本单位的结构假设。其实,从《正义论》到《万民法》这两次"原初状态"都是自由主义的观念所引导的正义理念。两次"原初状态"的运用并无本质不同,所处理的主题从一个国家发展到多个国家的正义理念,所遵循的仍然是国家主义的国家优先立场。

那么,弗斯特认为,国家主义的正义观有三个核心缺陷:

第一,道德缺陷。弗斯特认为,尽管国家主义者对人民或者民族利益的尊重值得称赞,但是当谈到普遍原则的规范基础时,国家主义的这种国家道德立场的使用是有问题的。例如,在一个"自由"的框架内,罗尔斯试图发展的"公平的民族中心主义"(Fair Ethnocentrism)是注定要失败的。弗斯特认为,国家内部的正义社会环境具有一定程度的制度化社会合作,如果发展到全球多元文化的层面上显然是行不通的。因为除了全球贸易环境,现在还存在生产和劳动力的全球化环境,这些领域的重要行动者被恰当地定义为"跨国机构":从联合国到国际货币基金组织以及非政府机构(例如,绿色和平组织等);在全球范围内,法律、技术、军事、文化生产、消费和传播的全球合作也在不断发展。如果在这些跨国机构中仍然采用罗尔斯所谓的"为非自由的'体面'社会规定的最低限度的正义条件"[1]时,国家主义显然演变成了"外部"的家长式干预。弗斯特强调,在国家主义的立场上,国家主义之外的文化内容并没有得到充分承认,那么,罗尔斯的自由谦虚(Liberal Modesty)受到了极大的质疑。

第二,民主缺陷。弗斯特的观点认为,罗尔斯的国家主义观念对"人民"理念缺乏个体的实质性解读,而是根据正义的集体政治计划,将"人民"定义为一个政治共同体,这些成员在各自的"综合学说"的基础上维护内部秩序。在这一点上,博格(Thomas Pogge)认为,"罗尔斯是一个保守主义者,这种保守的特征体现在他强调主要社会制度应局限于民族国家体制"[2]。这种局限性也反映在罗尔斯的正义理论对原初状态的设置与诠释中。在国家主义者的立场上,"无知之幕"之下的主体都是国家的代言人,他们致力于维护各自国家的利益。但是,弗斯特指出,一个政体的合法性取决于成员的接受程度,"体面的"人民理应在国家主义者的规范秩序中表现出成员的自决。然而,在罗尔斯国家主义的意义上,一旦人们对现有秩序提出质疑,弗斯特认为这种国家主义其实是一个非自由的正义思想的民主,它并没有给予民主与权利合法的可能性。弗斯特强调,真正的良序社会的民主参与的权利主张取决于具体情况;在一个合法的政体中,任何人都不能有充分的理由剥夺其他人的这项权利。

第三,平等缺陷。弗斯特认为,平等并不仅仅是指国家范围内关于物品数量的分配是否合理的分配正义,而是指主体间拥有充分公正的基本权利的社会关系结构。根据罗尔斯的说法,良序社会是一个物质上秩序良好的

---

[1] [美]罗尔斯著,陈肖生译:《万民法》,吉林出版集团2013年版。
[2] Pogge T. *Realizing Rawls*, Ithaca: Cornell University Press, 1989:11.

社会,其公民不会遭受贫困和饥饿。弗斯特强调,罗尔斯的这种国家主义观点忽视了历史正义的重要方面,他未能洞察现有国际秩序在多大程度上阻碍了实现这种自主的社会结构。仅从政治社会体系的结构和机制来看,人们面临更多的是外部和内部的武力和统治,而不是自愿的"合作"体系。也就是说,从外部而言,在物质和人力资源方面,某些国家、地区的人们被强大的国际行为者控制和支配;从内部而言,因为国家的精英从这种剥削中获得政治和经济利益,压迫在国内更为普遍。于是,不公正现象是多元阶层相互控制关系的结果,正当性的权力问题才是正义的首要问题。

(二)全球主义的正义观

不同于国家主义的观点,全球主义跳出了国家主义立场的约束,坚持从主体的立场来分析全球的正义问题,全球主义的正义观关切的对象是世界中单独个体的福祉。全球主义认为,我们正处于全球一体化的时代,人与人之间每时每刻都处于沟通与交流的互动中。那么,作为在这种国际交往中的每个人不仅会受到这种国际交往的影响,而且还会受到国际社会的制度结构影响。因此,全球正义把全球制度结构是否公正作为评判对象,这就把我们引向一种全球正义。这种全球主义的正义观把我们的注意力转移到了那些在贫富差距中处于最为不利地位的个体的生活境遇中。全球主义的代表人物包括汤姆斯·博格(Thomas Rogge)、奥特弗里德·霍夫(Otfried Höffe)与查尔斯·贝兹(Charles R. Beitz)等人。

博格认为,所有人都是平等的主体。博格定义了全球主义之正义观的三个基本特征:第一,规范性的个体主义。全球主义强调,道德的终极关怀不应该是家庭、种族或者宗教,而是每一个主体本身。所以依据全球主义的视角,道德标准的评定必须重点考虑主体个人的相关因素。第二,公平性。全球主义之正义观所规定的道德标准必须对每一个个体来说都是平等的。每一位个体都应该以相同的方式被公平对待。第二,普遍性。全球主义认为,个人是道德关怀的终极主体,那么每个人的特殊性共同构成了某种统一的普遍价值意义。在全球主义的立场上,全球的道德规范承认每个主体的权威。博格认为,在全球的"原初状态"中,只要个人利益得到应有的关切,他们就会选择有利于全球最不利者的规则,减少全球不平等。①

霍夫遵循"合法个人主义",也就是说,全球正义观的证成进路需要诉诸个人所能接受的法律秩序原则。政体必须能够在"每个人面前"证明自己的正当性,这个过程必须在双层意义上考虑:首先,它必须是明智的和理性的。其次,它必须是有相互正当性的,也就是说,不管实际的优势是什么,它必须对每个人都有利。② 霍夫认为,这就是康德"人是目的"表述的实现方式。就受影响者内部产生的动机而言,该理论从两个方面着手:一方面,人们遵守"原始政治契约"的合理性根据,通过合法保障的"行为能力条件"为每个人带来利益。③ 另一方面,这一协议在道德上是有根据的,不仅因为它符合相互的标准,更重要的是,这种正义本身并不是通过契约形式来规定的,它是以道德义务的形式贯彻落实的。这意味着承认自己是负责的人,承认他人是对自己的行为负责的平等权利人。有了这个道德的"法律构成预先规定",个体自我就变成了"更好的自我",成为"道德自我"。那么,依据两方面内容,正义的原则来自于公法协议(pactum iuris publici)和法律协议(pactum iuris)的两个连续的契约:首先是权利原则,然后是国家原则。"构成正义的法律"要求一部由严格的一般规则组成的法律,而法律将人权规定为"先于任何国家"的权利,这有助于以消极自由和社会权利的形式保障和实现行动自由。④ 因此,他呼吁建立一个"双重社会契约",在这个级别上建立一个世界共和国:国家之间的国际社会和个人之间的全球社会。

查尔斯·贝兹反对国家主义的国家平等主义的立场,他主张全球平等主义立场。他认为国家主义的正义理论只强调了物品的分配正义,而在全球正义的问题上几乎保持沉默。比如罗尔斯所说的独立国家具有根本的平

---

① Pogge T. *The Blackwell Companion to Political Philosophy*, ed. Philip Pettit and Thomas Rogge, Oxford: Blackwell, 2007:312-331.
② Höffe O. *Demorcarcy in an Age of Globalization*, trans. Dirk Haubrich and Michael Ludwig. Dordrecht: Springer, 2007:26.
③ Höffe O. *Demorcarcy in an Age of Globalization*, trans. Dirk Haubrich and Michael Ludwig. Dordrecht: Springer, 2007:27.
④ Forst R. *The Right to Justification: Elements of a Constructivist Theory of Justice*, New York: Columbia University Press. 2012:252.

等权利。或者霍布斯认为国家拥有至高无上的地位。他认为,这些理论具有误导性。贝兹认为,虽然他们国家视为是自主之源,国家的基本制度必须符合适当的正义原则,如果不将全球正义考虑进来,国家的自主性将得不到正确的阐述。很显然,贝兹认为全球主义必须考虑正义的道德维度,这为个人的基本权利奠定了基础。①

尽管全球正义观念具有一定的合理性,但弗斯特认为,全球正义的观念是不完善的,于是,弗斯特从三个角度对全球正义观点进行了批判:

第一,全球正义理论暗示了某种全球超级大国的可能性。从全球主义的视角出发,博格的"道德全球主义"观念认为,每个人都有作为道德关注的主体地位。而贝兹的"法律全球主义"观念强调全球政治权威或者世界政府。正如康德所说,这样一个国家将面临成为一个"无灵魂的专制主义"或"自由的墓地"②的巨人危险,因为这种全球化的观念需要更大的权力和权威来统治这样一个巨大而有差异的领土。此外,全球正义的分配正义框架存在内在危险,导致"非政治化"的观点,即人们只被视为大型生产和分配机制的一部分,而没有任何主体政治参与。用德国哲学家沃尔夫冈·克斯汀(Wolfgang Kersting)的话来说,全球正义理论将妨碍政治自主,这意味着一些人成为"客观的全球分销安排中的生产奴隶",而另一些人仅仅是"匿名全球分销机构的客户"。③

第二,根据弗斯特,全球主义者与国家主义者面临着类似的不平等问题。弗斯特指责全球主义者从错误的前提出发,忽略了政治团体之间不平等的根源。因为全球主义从个人的福祉出发,而忽略了不发达和高度贫困等现象的主要原因不是自然资源的缺乏,而是这些不公正的社会内部结构或者不公正的全球政治和经济结构。某些社会的文化和政治传统导致缺乏社会合作和组织,这是经济进步和公平分配的主要障碍。

---

① [美]贝兹,丛占修译:《政治理论与国际关系》,上海译文出版社2012年版,第115页。
② Kant I. *Zum evigen Frieden*: *Ein philosophischer Entwurf*, in kants Werke: *Akademie-Textausgabe*, Berlin: de Gruyter, 1968(8):367.
③ 关于弗斯特对于沃尔夫冈·克斯汀(Wolfgang Kersting)论断的描述,参考 Forst R. *The Right to Justification*: *Elements of a Constructivist Theory of Justice*, New York: Columbia University Press, 2012:254.

第三,全球主义具有抽象、脱离语境的弊端。弗斯特认为,国家主义把正义的标准局限于国内的制度与社会合作中,这种观点是十分片面的。而全球主义把关注的焦点放在个人主义的角度也未必有多高明。弗斯特认为,全球主义并未充分厘清传统规范与多元文化的矛盾与冲突。从全球主义的角度来说,所存在的弱而分散的合作形式无法形成统一规范的强烈概念。虽然全球主义优先考虑对所有平等的人的义务,包括陌生人和国家的同胞,但却忽视了更为特殊的成员资格和依附关系的道德意义,而倾向于抽象的脱离语境的统一道德原则。于是,全球主义不可避免地陷入了两难境地,试图在一个多元文化和传统组成的基本自由规范前提的基础上建构正义原则。弗斯特认为,全球正义理论忽视了约翰·罗尔斯在全球层面上所说的"多元主义事实"。因此,弗斯特认为,全球主义涉及一种隐蔽的种族中心主义,缺乏规范的中立起点。

总之,经过考察国家主义与全球主义的正义观念,弗斯特坚持认为,正义的基础既不应该建立在国家主义之上,也不应该建立在全球主义之上。全球化相互依存的合作超越了国内与国外的边界,已经渗透到了世界的各个角落:全球贸易、全球性环境问题、国际法、全球技术、全球经济政治合作等,这就要求我们在思考跨国正义时需要对全球范围内的政治社会现象进行深度剖析,需要批判性地审视跨国权力关系的复杂现象。通过这两个方面的分析,我们必须超越"国家内部"与"国家之间"的传统观念束缚,并深度剖析社会和结构正义或非正义的多个跨国语境,从而在跨国正义的层面上正确地定位正义的规范意义。

(三)弗斯特跨国正义批判观念的提出

弗斯特认为,我们要想在思考正义问题时获得现实的全球视角,就必须对这些现象进行更深入、批判性地审视。正如弗斯特所说,人们对于跨国正义的思考仅仅停留在"合作"或"共存"的观念上,而不做进一步的限定。弗斯特提醒我们,在当今新殖民主义的背景下,这些"合作"与"共存"其实并不存在互惠的关系,而是隐藏着剥削与压迫的不公正权力关系。[①] 依据弗斯特的分析,这并不意味着在"富国"和"穷国"之间存在着一个简单且结构清晰的权力界限,而是隐藏着一种支配和统治的关系。在这种隐蔽的多重压迫和剥削的权力关系中,较贫穷的地区和国家处于从属的经济和政治地位,无论是自然资源、劳动力还是社会地位都受到了最大程度地剥削与压榨。

弗斯特认为正义观念应该延续休谟以及罗尔斯所提出的"正义的环境"(Circumstances of Justice)观念。这个观念认为,作为一种人们社会生活的规范性基础,正义需要依托特定的语境才能产生、确证与发展,只有在特定的语境中满足了相关的规范性条件,正义作为根本的社会规范基础才能真正得以确证。弗斯特声称,尽管正义是一种衡量法律、政治、社会整体状况和社会基本结构的最高道德,但它并非是普遍适用于任何时代、任何社会以及任何文化生活,恰恰相反,正义的存在必定依赖政治社会生活所处的时代语境特征。换言之,正义的规范性地位依赖于公共政治社会是否处于"正义的语境"之中。从这个角度分析,本书对跨国正义的语境分析是必要的,这可以使我们更全面地诠释弗斯特跨国正义语境性的普遍主义的本质特征及其跨国正义所适用范围。

其实,在特定语境的背景中,弗斯特的跨国正义是依据民族国家正义的一种尝试,这种观念的产生源于近代宗教世界的分化,并且是在随后的社会发展中依据其法律、道德、伦理在社会规范中加以内部的整合而形成的观念。弗斯特认为,跨国正义所产生的规范秩序并非是一种线性的历史进程,而是被诸多以暴力斗争的形式所呈现出来的反抗与斗争的历史过程。这种过程弗斯特称之为"冲突链"[②](Konfliktlinien),弗斯特认为,"没有这个现实的冲突域,我们就不会把目光退回到参与者的历史经验空间来理解自己"[③]。在这个"冲突链"上,弗斯特的跨国正义理论所显示出来的平等与宽容始终

[①] Forst R. *Justifying Justification: Reply to My Critics*, in *Justice, Democracy and the Right to Justification: Rainer Forst in Dialogue*, London: Bloomsbury Academic, 2014: 134.

[②] [德]艾纳·佛斯特、克劳斯·君特著,邓安庆、杨丽译:《规范秩序的形成——跨学科研究纲领之理念》,《伦理学术》2016年第1期。

[③] [德]艾纳·佛斯特、克劳斯·君特著,邓安庆、杨丽译:《规范秩序的形成——跨学科研究纲领之理念》,《伦理学术》2016年第1期。

对这种反抗与斗争开放,允许他们分享关于证成性的公共语法,在相互理解的基础上提出证成的辩护。弗斯特认为,当我们思考跨国正义的时候,与社会斗争参与者视角相一致才是正确的视角。这个过程的发展逐步形成了全球化时代规范秩序形成的新时代。这种跨国正义的基本结构并没有导致一个完全自主的社会乌托邦,而是形成了一种跨国正义形象,在这里,超越证成理由的社会权力关系就被认为是不合法的,这一理论把对证成性的要求与主体自身的证成性叙事主张都纳入到了正义的证成的中心,并从他们对法律与制度的不平等的具体经验批判开始。因此,正义就是社会制度作为主体间正义规范秩序的道德,这些人将正义的证成理由建构作为自己的主要社会责任。

于是,弗斯特的跨国正义理念是从对当前全球不公正的现实分析开始的,这种不公正的现实被视为一个复杂的权力体系,由各种强有力的行动者主导,从国际机构到跨国公司、地方精英等。从这个理论视角出发,弗斯特所关注的是那些被支配和压迫的人们,他们所受到的不公正对待是多重的,尤其是妇女和儿童,他们是社会与家庭中支配关系的对象。正义的概念必须解决在不同语境(例如,家庭、社会、跨国机构等语境)中存在多重统治的情况。地方、国家、国际和全球的各种正义环境都是通过它们所产生的不公正而联系在一起的,一种正义理论决不能对这种相互联系视而不见。在全球层面,我们有必要询问在全球的语境范围内,是哪个主体以何种方式受益,以及"权力"是如何确定的。在微观层面上,我们必须明晰这些全球结构是如何支持统治和剥削结构的。

有学者可能会反对,上述弗斯特的观点虽然侧重于支配现象,但未能充分抓住跨国正义主要的道德问题,即用博格的话说,"全世界严重的贫困现象"[1]。但他也明确指出,解决全球经济正义问题的前提是,人们必须认识到造成和维持不平等、贫困和饥饿状况的普遍不公正制度。弗斯特也赞同波格的观点,并且认为,如果分配正义和政治正义需要考虑不同的规范性,这种考虑方式是错误的。正如博格所说的"这是一种扭曲的全球秩序的结果,

---

[1] Pogge T. *Priorities of Global Justice*, Metaphilosophy, 2001, 32(2):6-24.

这种秩序结果加剧了国际不平等,使弱小和贫穷的社会极难获得全球经济增长的比例份额"[1]。从"多重统治的事实"[2]方面考虑,正义的批判理论必定要建立在对不公正现象根源的深层分析之上,因为弗斯特认为,正义的首要问题就是权力问题,那些极端的不平等和贫困是一个复杂的统治和剥削制度的结果,如果仅仅从分配正义的角度去分析是不彻底的,甚至有助长不公正关系的危险。由此,弗斯特强调了跨国正义理论的必要性,即它不仅注重商品分配的公正性,而且注重政治和经济权力关系的"基本结构"的公正性,即政府关系、生产关系和分配关系。

因此,弗斯特认为,一个揭露不公正社会现象的跨国正义包括以下几个方面:第一,它分析了不公正的社会权力的结构关系。第二,它批判了虚假正当性的社会制度和权力关系。第三,它指出了跨国正义理论所依据的条件,即相互性和普遍性的"正义的证成"原则。鉴于这一正义观念,只有那些受影响的人才能为自己的基本社会结构提供证成的理由。这就是受制度规范影响的行为者如何利用批判理论在具体社会背景下提出证成要求的方式。第四,它不仅要求有证成理由的合理社会关系,而且要求有"证成权利"的政治实践。

基于上述四点考虑,弗斯特意欲重建跨国正义的各个层面,即弗斯特以"证成"为特征的跨国正义可以适用于正义的各个方面(例如人权或分配正义的具体情况),因为作为跨国正义基本结构的核心,"证成权利"允许充分考虑正义的各种背景(例如,国家内部、国家之间以及全球范围)作为正当理由和自决的背景。总的来说,弗斯特的跨国正义不同于国家主义者的观点,它从普遍的个人权利出发,并将全球环境视为正义的基本背景;同时,弗斯特的跨国主义与全球主义的观点不同,跨国正义将特定的政治文化语境视为正义本身的语境,并为建立自主政治共同体之间的公正关系而构建正义原则。鉴于实现国家内部和国家之间正义的核心目标是结束国内外多重统治权力的恶性循环,跨国正义理论必须以证成的方式将各种正义语境联合

---

[1] Pogge T. *Priorities of Global Justice*, Metaphilosophy, 2001, 32(2): 6-24.
[2] Forst R. *The Right to Justification: Elements of a Constructivist Theory of Justice*, New York: Columbia University Press, 2012: 257.

起来,形成证成的跨国正义规范秩序。

二、跨国正义观念的批判性分析

关于跨国正义的讨论,弗斯特的观点借鉴了艾丽斯·M. 杨(Iris Marion Young)的权力观念。杨在其著作《正义与差异政治》(*Justice and the Politics of Difference*)中敏锐地意识到这种支配关系的复杂性。杨所批判的传统正义理论与西方理论家分析的社会及其文化内部的支配和统治相伴,例如女性割礼、面纱蒙面等。[①] 然而,弗斯特认为,遗憾的是,杨的理论只对社会运动的剥削与压迫形式感兴趣,而对多重的支配事实未发表更多的看法。与此同时,国内学者也认为,杨的理论把国家支配与其他的支配与压迫的复杂关系纠缠在一起,未做出详细的区分。面对这一质疑,弗斯特提出了有效的解决方案。弗斯特认为跨国正义的批判应给予"多重支配事实"[②]以概念化的分析。因为那些遭受支配的人(尤其是发展中世界的人们)通常受到来自本国政府、精英的支配,同时这些支配形式又在更大程度上遭受国际范围内的多重支配。

弗斯特强调,在全球范围内的正义问题比社会正义问题更加困难和紧迫。关于跨国正义的讨论不仅涉及正义的范围或内容,而且还应该回答如何正确理解我们生活世界中的不公正现象。尽管在这个问题上,西拉·本拉比(Seyla Benhabib)、南希·弗雷泽(Nancy Fraser)、让·科恩(Jean Cohen)、艾丽斯·M. 杨(Iris Marion Young)、吉姆·博曼(Jim Bohman)、豪克·布伦霍斯特(Hauke Brunkhorst)等人批判性地已经对此问题提出了各自的观点,但我们仍然缺乏对全球范围之内存在的各种不公正现象的明确观点。弗斯特明确指出:"如果我们对周围不公正的现实缺乏清晰的认识,那么我们的规范性思维就处于一种空虚之中,或者将把我们引入歧途;同时,如果我们没有一个超越规范正义观的语境来引导我们,使我们与现状保持距离,

---

① Young I M. *Responsibility and Global Labor Justice*, Journal of Political Philosophy, 2004,12(4):372-273.

② Forst R. *Towards a Critical theory of Transnational Justice*, Metaphilosophy, 2001,32(1):166.

现实就成为一种肯定这种现状的错误思维方式。"[1]于是,弗斯特认为,为了避免这样的错误论断,我们需要解决这样一个问题:当我们问谁统治全球时,我们所依赖的实际经验来源是什么,以及为什么我们所研究的权力关系是"不公正的"。

弗斯特关于跨国正义的批判性分析是从一个思想实验开始的。弗斯特邀请他的读者欣赏一张图片,这张图片随后在托马斯·博格《世界贫困与人权》(World Pouges and Human Rights)的封面上被转载。这张图片展示了巴西的塞拉·佩拉达金矿工人工作的场景。通过图片,我们可以看到大量的工人,他们弯腰驼背的身体,穿着简陋,以及糟糕的环境。通过画面,我们可以试着想象我们现在是这些工人的一员,在极端危险的条件下长时间辛勤地从事体力劳动,挣的工资很低,勉强够他维持生计,而公司的利润却非常可观。这个金矿通常由一家大型国际公司所有,金矿的历史反映了殖民地开发的残酷故事,它侵占了土地和自然资源。这个时候,如果作为一名金矿的工人,你有机会向"全球法院"上诉,在那里你有机会解释为什么你所涉及的社会关系、财富和权力的分配等是不公正的。也就是说,弗斯特试图通过这个思想实验,去挖掘"不公正"概念的含义是什么,那些工人应该用什么样的规范性语言才能准确表述这种不公正的现实呢?

根据弗斯特思想实验,首先,工人们诉诸人道主义的规范语言。一般来说,人道主义提倡全人类的福祉,聚焦人类美好生活的伟大愿景,具有博爱的精神。人道主义者认为,"每一个拥有相关资源的人都有不可推卸的道德责任与义务去帮助那些需要的人,即那些缺乏满足人类基本需要所必需的物品的人"[2]。也就是说,人道主义的基本观点认为,每个人都有义务帮助那些需要帮助的人。根据弗斯特的说法,这种观点的缺点是,它根本没有从正义或不正义的角度来看待这种情况。弗斯特明确表示,人道主义的规范语言并没有从经济剥削和政治权力的巨大差异方面来分析不公正的情况,或

---

[1] Forst R. *The Right to Justification: Elements of a Constrcuctivist Theory of Justice*, New York: Columbia University Press, 2012: 257.

[2] Forst R. *The Right to Justification: Elements of a Constrcuctivist Theory of Justice*, New York: Columbia University Press, 2012: 254.

者说,这种人道主义的观念并没有把重点放在人们所受的支配和剥削的权力关系中来思考,而是片面地关注这些关系的分配结果。弗斯特认为,人道主义只能暂时帮助那些人减轻他们经济困难的状况,这些经济的补偿方法并没有消除不公正,而是用这种补偿手段掩盖他们剥削与压迫的本质。被经济援助之人的处境并没有根本改变,同时经济援助者与被援助者彼此间的社会政治关系也没有根本改变。

其次,工人们又试图依靠"人文主义"(Humanist)的观念为其辩护。从根源上来说,人文主义观念始于中世纪的神权,主张人性伟大,灵魂高贵。相比较人道主义聚焦全人类福祉的伟大愿景,人文主义者更看重个体的完善,体现了主体理性自我的认识。人文主义者批判人道主义者把正义看作是主体间对物品数量的比较,相反,人文主义者宣称尊重个体的尊严,保证人们保持最低物质福利的责任。弗斯特认为,尽管人文主义提及了正义的理念,但从实质上看,人文主义与人道主义"只是一场不同道德性质的争论"①:要么帮助其他有经济需要的人,要么尊重主体最低限度的物质福利。正如弗斯特所说,两者并未触及正义的实质,那就是,正义"是关于建立合理的社会关系结构"②。换言之,正义所要求的适当补救办法并不是由于主体的生活条件或物质福利的改变而用尽,而是对产生这些条件和福利水平的基本社会证成的权利关系进行合理重组。人文主义把正义问题归结为主体的物质需要或者生活水平的提高,这也是十分片面的,首先,无论是在历史层面上还是事实层面上,工人被剥削和统治的现状并没有得到真正的解决。第二,再分配政策肯定会试图改善你的处境,但它们并没有试图改变导致你处境的政治和经济结构,主体依然改变不了被剥削和被压迫的命运。因此,通过这两点的论述,弗斯特指出,这种人文主义的观点与人的尊严相去甚远。弗斯特坚持认为,正义是"建立合理的社会关系的权利结构",并非生活条件或物质福利所反映出的人与物的关系。弗斯特认为,人文主义所聚焦

---

① Forst R. *The Right to Justification: Elements of a Constructivist Theory of Justice*, New York: Columbia University Press, 2012:252.
② Forst R. *The Right to Justification: Elements of a Constructivist Theory of Justice*, New York: Columbia University Press, 2012:245.

的分配正义观念使人们失去了最基本的政治话语权。要推翻一个复杂的不公正制度,我们需要从第一个正义问题开始,即权力分配问题。因此,权力是所有商品中最基本的:政治和社会正义的一种元善。如果你不改变权力体系,你就不能真正改变不公正的局面。①

弗斯特描述了工人们诉诸的第三种观点是彼得·辛格的功利主义(有时被称为偏好功利主义)观念。辛格的论点是从一个强有力的反对不公正的道德立场开始的,即发达国家和发展中国家之间巨大的经济和政治权力差距:从大规模饥荒到天文数字的国际债务,开发自然资源,影响程度,等等。② 简言之,辛格的道德论点是双重的。首先,发展中国家人民的生活条件极其恶劣。第二,富裕国家的公民可以以微薄的成本和努力极大地缓解这些穷困现象。这一点正是他区别于人文主义或人道主义立场的关键所在。为了说明这一道德案件的本质,辛格举了一个例子:想象一下,一个西装革履的人在路上碰到一个溺水的孩子。假设一个人跳入水中毫不费力地救起孩子,而唯一的损失仅是他的衣服,但是拯救的却是一个鲜活的生命。就像寓言中的人物一样,辛格的例子说明,发达国家有责任和义务对贫困国家施以援手。因为,第一世界公民所尽的一点微薄之力可以在第三世界中发挥更大的作用,诸如抗击饥荒、控制流行病、建设基础设施、偿还国际债务等。第一世界的公民在道义上都应为没有做出应尽的努力而受到谴责,与巨大的全球贫困相比,我们付出的代价是微不足道的。作为回应,弗斯特写道:"如果财富与富足、贫穷与苦难之间存在不公正的现象,这些关系的结构性原因必须予以概念化。"③换句话说,辛格也未能完成从援助的道德义务到对不公正的道德谴责以及通过改变导致不公正的社会条件来消除不公正的义务的转变。弗斯特认为,尽管辛格的道德呼吁非常有意义,但它仍然更接近人道主义的观念,而未能一针见血地指出不公正的本质。

---

① Forst R. *The Right to Justification: Elements of a Constructivist Theory of Justice*, New York: Columbia University Press, 2012:248.
② Singer P. *One World: The Ethics of Globalization*, New Haven: Yale University Press, 2002:156-157.
③ Forst R. *The Right to Justification: Elements of a Constructivist Theory of Justice*, New York: Columbia University Press, 2012:249.

弗斯特认为,跨国正义所批判的上述观点可以归结为规范性的错误,或者借用弗雷泽的话,是"规范性错误架构"[1]。规范性的错误框架并不意味着被批评的语法是错误的,或者它没有任何价值或相关性,但是,正如弗斯特已经强调的那样,它只有在预设的某些背景条件下才有意义。因此,虽然我们生活的世界确实存在人道主义道德所提及的上述情况,但对于出现政治结构性错误的例子则不合适。这些例子不应被视为不幸的社会现实,而应被视为系统、持续的不公正现象造成的。弗斯特很好地抓住了他所调查的所有规范性观念(包括人道主义、人文主义,辛格关于援助边际成本的论点)中典型的错误之处的共通点,他将整个规范性错误置于"分配"的主题之下,并认为其错误本质是"将不公正变成道德上的'坏'情况","将错误变成'坏'状态"[2],从而忽略了不公正现象的真正根源。弗斯特认为,所有这些观点都未能指出错误的政治结构的实质特征,同时也未能提供有关情况的规范性结构证成理由。简言之,他们未能将不公正的概念明晰为政治结构性错误。

考虑到这一区分和要求的方案,现在让我们来看看弗斯特是如何继续提出结构性不公正的概念,并实现这些概念的结构性、批评性评价的。这里不公正问题被转化为一个问题:支持社会结构的正当理由是什么。根据弗斯特的说法,为了在道德上合法,这种证成理由需要通过两个标准:相互性和普遍性。

第一,相互性原则。相互性原则分为两个方面:一是内容的相互性;二是理由的相互性。[3] 内容的相互性阐明了任何人不能以自己的特定要求而强迫他人也同样这么做。理由的相互性强调,不能强加自己的价值和利益于他人的利益之上,或者诉诸不被分享的"更高的真理"。用弗斯特的话说,相互性原则是一个过滤器,它不允许主体要求的各种特权,而拒绝他人

---

[1] Fraser N. *On Justice: Lessons from Plato, Rawls and Ishiguro*, New Left Review, 2012, 74(43): 50.

[2] Forst R. *The Right to Justification: Elements of a Constructivist Theory of Justice*, New York: Columbia University Press, 2012: 242.

[3] Forst R. *The Right to Justification: Elements of a Constructivist Theory of Justice*, New York: Columbia University Press, 2012: 6.

的权利。因此,我们不能假定自己与其他人有着相同的价值观和利益,也不能诉诸更高的真理,例如将上帝作为一个人主张的证成理由的来源。

第二,普遍性原则。普遍性原则意味着任何制度都必须具有合理与合法的理由,而这些理由能够得到受影响的人的普遍接受,或者基本规范的理由必须能被所有受影响的人分享,即,证明规范性要求的过程不得排除任何受影响人的反对意见。弗斯特把这理解为一种普遍性的形式,这是对康德"道义论"的合理解释,因为它符合康德的绝对命令。弗斯特的普遍性原则表明,这意味着我们的行动准则可以普遍化,如果社会的政治制度具有普遍性,那么它应该被视为一个令人信服、强有力的道德论据。

弗斯特跨国正义观念阐述了一种基本证成结构的规范秩序,这种证成的规范秩序声称是互惠和普遍有效的。因此,在这样一个框架内,互惠和普遍的证成原则在规范和标准上优于所有其他提及的价值观,根据这一原则,在正义的背景下,每个成员都有基本的"证成权利"。尊重这一权利通常需要在义务上论意义,它表达了基本的道德平等,代表了对政治和社会正义的更深远要求的基础。我们必须明确的是,每一个正义准则都是"关系性"(Relational)的,在这个意义上,它必须能够产生于一个相互和普遍的正当权力秩序。那么,正义的要求就不是道德援助的行为,而是在社会合作的权利体系中的严格义务。正义首先意味着这个体系内的社会关系是被证明是正当的(Justified),基本平等是个人的认为是正当的平等(Justificatory Equality)。

三、证成的跨国正义的积极作用

弗斯特跨国正义的批判理论从"多重统治的事实"[①]出发就是为了实现两个目的:其一,对不公正现象的深层根源的分析。弗斯特强调,如果仅仅关注分配问题,那么这种正义观念是片面的,这使得那些被支配的人变成了物品的索取者和接受者,从而并未触及不公正的实质。也就是说,全球分配正义的概念可能会忽略政治自主。权力问题是正义的首要问题。这就强调

---

① Forst R. *The Right to Justification: Elements of a Constructivist Theory of Justice*, New York: Columbia University Press, 2012: 257.

了一种理论的必要性,它不仅注重商品分配的公正性,而且注重政治和经济权力关系的"基本结构"的证成性,即政府关系、生产关系和分配关系的证成需要得到受影响的主体的普遍与相互的同意。其二,统一多元正义理论。传统正义观念认为分配正义和政治正义需要不同的规范性基础,这种说法遭到了弗斯特的严厉批判。弗斯特认为,分配正义与政治正义都应该遵循正义的证成原则,根据这一原则,在特定的正义背景下,所有受其支配的权利都有权利通过政治行动改变社会不公正的关系,同时以相应的方式对所有受影响的人进行相互的和普遍的证成。最后,在正义的语境下,弗斯特认为没有任何权利关系是可以超越证成的理由而存在。从这两个方面来说,正义的批判是必要的。

弗斯特所阐述的证成的跨国正义是对错误假设的解构,并重建跨国正义的各个层面:它以其特定的证成性适用于正义的各个方面,并对国家主义和全球正义的纷争提出了建设性的解决办法。因为"证成权利"是证成的跨国正义的基本结构的核心理念,因此,弗斯特从"道德世界主义"出发,充分考虑正义的各种背景,并把各种背景作为正当理由和自决的背景。也就是说,跨国方法不同于全球化的观点,它将特定的政治环境视为正义本身的环境,并为在自主政治共同体之间建立公正关系而构建正义原则。同时,它不同于国家主义者的观点,它从普遍的个人权利出发,并将全球环境视为正义的基本背景。弗斯特强调,为了能够打破世界多重统治压迫和剥削的恶性循环,我们就必须在跨国的语境体系内建立政治自主,因此,我们首先需要确立一项基本的跨国正义原则,在此基本原则中获得多元政治社会的必要资源,以便在其政治共同体内建立一个合理的民主秩序。

弗斯特的跨国正义批判理论不局限于国内或全球的正义环境,而是从批判的角度看待多元正义环境,它对跨国正义原则所要解决的不公正现象进行了时代的诊断。它依赖于一个多元文化的规范基础,即"证成权利"。这种以"证成权利"为基础的跨国正义观念包含了对正义的多种考虑。同时,它强调政治共同体成员的自主是一项内部原则,即在合理的基本结构中实现自主,因为没有这种自主,正义就无法建立,因为在政治环境下,跨国正义的要求就是主体间证成的要求。

因此,弗斯特的证成的跨国正义的积极作用在于以下两点:

第一,避免狭隘主义。弗斯特认为,任何适用于跨国正义的概念都必须具有适当的普遍性,这种要求比罗尔斯在其对自由社会多元主义的反思中所设想的普遍性更高。也就是说,我们的目标不应局限于从自由主义立场出发的国家正义概念,即"容忍"非自由但"体面"的人民,并提供"合理公正的自由人民的外交政策的理想和原则"[1],我们应该发展一种更广泛的跨国正义观念,即发展人们具体文化观念的完整性。但是,令弗斯特遗憾的是,学术界全球或国际正义的论断忽视了普遍性与文化多元化之间的问题,或使之边缘化。[2] 然而,从自由主义者的视角来分析,世界似乎是由单独的伦理个体组成的,但事实上,世界需要对于他们可共享的价值进行主体间的交流与沟通,以便在最小限度的正义问题上达成彼此宽容的差异性共识。如果我们要发展一个正确的跨国正义概念,我们就必须将统一的社会和文化语境具体化为统一的规范秩序和价值体系形式,并重点关注诸如证成、正义以及规范性等社会秩序内部之间的动态的权力结构关系。在这个过程中,他们将自己置身于这种动态关系之内,并试图对规范性文化差异提供一个主体间的证成理由。

第二,避免实践实证主义。弗斯特认为,实践实证主义是一种"实践依赖"理论,这种理论把合法的正义诉求视为在已经确立的社会合作制度中的内在诉求,也就是说,制度必须是以法律和政治术语确定的。[3] 弗斯特从以下四点对实践实证主义进行批判:第一,它们将复杂的社会关系称为"合作"的形式,例如在欧盟或世贸组织内,因此这样做有可能忽视这种体制环境所特有的权力结构和统治形式;第二,他们的目标是在这样的制度环境中重建

---

[1] [美]罗尔斯著,陈肖生译:《万民法》,吉林出版集团2013年版,第25页。
[2] 关于这一点,弗斯特认为也有一些政治哲学家有不同的讨论视角,参见 Caney S. *Justice beyond Borders*, Oxford University Press, 2005; Nussbaum M C. *Frontiers of Justice*, Cambridge: Harvard University Press, 2006; Sen A. *The Idea of Justice*, Cambridge: Harvard University Press, 2011.
[3] Sangiovanni A. *Justice and the Priority of Politics to Morality*, Journal of Political Philosophy, 2008,16(2):137-164.

内在正义的"观念"或"理想",就好像社会从来就没有社会争论或规范矛盾①;第三,它们缺乏一个合理的理由来解释为什么这种内在正义的观念是合法的;第四,它们忽视了现有法律政治框架所掩盖的不公正的支配与统治的权力关系,尤指对经济或文化性质的支配与统治视而不见。

基于这四点,弗斯特认为,它们忽略了社会参与者在主体间的权利关系地位,并使之沦为客观的观察者,并且对这种规范性的权力关系秩序只提供一个"一维"的说明。弗斯特认为,若要避免这种形式的文化实证主义,我们需要转向实践的视角,发展一种批判的跨国正义观。我们应该把规范秩序看作是有争议的正当秩序,在这种秩序中,当"证成"一词既是描述性的又是规范性的时候,它既明确了社会理性空间的正当理由,又要求争取相互和普遍的不可拒绝的实践理由。因此,在我们对正义概念适当定位的分析中,我们需要关注两种不同于"实践依赖"理论所强调的实践形式:第一,关于在这种斗争中所抵制的不公正的实践;第二,关于这种斗争中统治和统治的实践。如果我们遵循维特根斯坦的理论,试图通过实际使用来确定一个术语的含义和"语法",那么,我们就应该意识到,正义问题不是一个单纯的理论问题。相反,正义不仅是一个社会合法性和证成性的规范问题,更是世界各民族共同追求的解放要求。因此,一个真正的实践指导的观点关注于这些复杂权力关系的实际情况。在这个意义上,马克思曾把批判的哲学说成是"对时代斗争和愿望的自我澄清"②。

第二节　跨国正义中的人权观念

根据上述讨论,弗斯特是从国家内部以及国家之间的批判分析中发掘出了跨国正义的理念。弗斯特强调,在跨国正义的实践过程中,社会和文化的内部语境的产生是基于"证成权利"的人权观念的实际背景。弗斯特试图打破传统的人权观念,发展一种作为基本"证成权利"的跨国人权观念。人

---

① Forst R. Contexts of Justice: *Political Philosophy beyond Liberalism and Communitarianism*, trans. John M. M. Farrell, Barkeley: University of California Press, 2002:157-170.
② 《马克思恩格斯全集》第47卷,第67页。

权产生的实际情境是一个社会文化的内部所产生的不同意见和冲突的背景。在这种冲突的背景中,人权的基础和合法性都必须考虑这种异议,并对被视为不公正的现有结构的正当性加以批判与抵制。因此,在对具体人权的所有要求之前,弗斯特强调了一项基本权利要求"证成权利"。有了这种基本的人权观念基础,人们才能公正地对待人权最初的解放意义:即在政治环境中建立一个更公正的社会,其具体要求就是发展一种既具有文化中立性又具有文化敏感性的权利概念。这种跨国人权观念被证明是任何人都不能拒绝的基本权利,既适用于特定语境又具有普遍有效性。弗斯特的人权观念是在统一的文化完整性的语境中,把主体看作一个给予理由(Reason-giving)和值得给予的理由(Reason-deserving)的行为人,也就是说,主体不仅有能力提供和接受理由,而且是具有基本的"证成权利"的人。

一、弗斯特人权观念形成的理论背景

弗斯特在阐明他的人权观点前,区分了三种人权观念。第一种人权观念强调人类利益。如詹姆斯·格里芬(James Griffin)出版的《论人权》一书中所述,在人权问题上自主、自由等核心价值对于成为"行为的主体"[①]的意义至关重要,权利可以从人实现这些价值的基本利益中获得。另外,詹姆斯·尼克尔(James Nickel)和约翰·塔西乌拉斯(John Tasioulas)在他们的著作中也有类似的观点。这些人权伦理原则的共同点是,它们注重实质性的福祉或"美好生活"概念,并将人权视为保障这种形式的人类生活的基本最低条件的手段。这里的"人"拥有享受美好生活的基本权利,而"权利"是使每个人都能过上良好生活的手段。弗斯特并不认同从人类的基本利益派生出来的人权观念,弗斯特认为:"很多人一开始就有许多这样的兴趣,但是我们如何挑选拥有人权基础资格的人呢?此外,一个具有主观根本利益的主张如何转化为具有普遍约束力的权利主张的呢?产生这种规范性的中介因子是什么?"[②]弗斯特批判这种纯粹伦理上的证成是对道德的语境限制,从而

[①] Griffin J. *On Human Rights*, Oxford: Oxford University Press, 2008:35.
[②] Forst R. *The Justification of Human Rights and the Basic Right to Justification: A Reflexive Approach*, Ethics, 2010,120(4):711-740.

无法普遍化,因而缺乏普遍的规范意义。

第二种人权理念强调人权的政治法律功能,如罗尔斯所说的"人民法"的哲学叙述,或约瑟夫·拉兹或贝茨所提倡的"国际法律和政治实践"①。这些学者认为,人权的主要作用或职能是它们在国际法或政治领域发挥的作用或职能。在罗尔斯的表述中,这种作用是"为政府的内部主权提供适当的定义和限制",或"限制战争及其行为的正当理由",以及"对政权内部自主的限制"②。罗尔斯将国际和平问题与"国内政治和社会机构的体面"的内部标准紧密联系起来。③ 这样,对于罗尔斯来说,人权概念只能作为自由人民和"体面的等级人民"而被证明是正当的④,这无疑是基于对国际舞台上人们的"合理多元主义"的反思。根据罗尔斯的观点,由于侵犯人权会使主权受到质疑,因此国家政治制度有理由进行干预,那么,这种建构的结果是将人权列为最低限度的道德清单,作为各国人民争取国际和平秩序的法律"普世性"叙述的一部分。罗尔斯的理论带来了政治哲学视角的重大转变。查尔斯·贝茨遵循罗尔斯的观点,将人权的功能定义为"国际社会干涉各国内政的正当理由"⑤。尽管他对这种干涉可能采取的形式持宽泛的看法,他赞同罗尔斯的观点,即人权的内容是由他们作为外部干涉理由的作用决定的。最后,拉兹主张对人权采取"政治"方式,这样人权就为"在国际舞台上对侵犯人权者采取行动提供了一个切实充分的理由"⑥。总之,根据这些学者的观点,他们认为关于外部干预的可能性和可取性的政治思考在判断侵犯人权行为方面起着重要作用,但弗斯特批判这种人权观念,因为这些人权观念充满了偶然性,缺乏一个单一的规范性基础,或者说人权"缺乏道德基础",并且完全忽略了基于根本的道德关切。⑦

---

① Raz J. *Human Rights without Foundations*, in *The Philosophy of International Law*, ed. Samantha Besson and John Tasioulas, Oxford: Oxford University Press, 2010: 321-328.
② [美]罗尔斯著,陈肖生译:《万民法》,吉林出版集团 2013 年版,第 27—79 页。
③ [美]罗尔斯著,陈肖生译:《万民法》,吉林出版集团 2013 年版,第 80 页。
④ [美]罗尔斯著,陈肖生译:《万民法》,吉林出版集团 2013 年版,第 80 页。
⑤ Beitz C R. *The Idea of Human Rights*, Oxford: Oxford University Press, 2009:33-40.
⑥ Raz J. *Human Rights without Foundations*, in *The Philosophy of International Law*, ed. Samantha Besson and John Tasioulas, Oxford: Oxford University Press, 2010:321-328.
⑦ Beitz C R. *The Idea of Human Rights*, Oxford: Oxford University Press, 2009:336.

第三种人权观念强调不同伦理生活方式的普遍正当性。比如迈克尔·伊格纳季耶夫(Michael Ignatieff)把保护人身安全和个人自由的权利作为人权的最低核心[1],科恩(Joshua Cohen)认为,在政治社会环境中,人权的规范作用体现在"人们作为主体被对待的权利,即在政治上适当考虑自己的利益"[2]。他们只假定"极简主义人类学"为避免严重的罪恶提供了理由。但另一些人担心这种"最低公分母"的方法会有把"辩护式极简主义"和"实质性极简主义"[3]混在一起的风险。[4] 在世界领域,前者被视为正当的"多元和宽容的接受确认",后者是要避免的,因为根据科恩,"人权的规范性被认为是政治社会的准则"。[5] 而后者首先要求有"作为成员被对待"的权利,即在政治上"对自己的利益给予适当考虑"[6],因此,人权主张对于确保社会和政治成员资格至关重要,而科恩提出的道德不可知论或"无基础主义"则对要求成员资格的规范性理由保持开放,希望这样的权利概念能在《全球公共理性》一书中赢得"一系列伦理和宗教观点"的支持。[7] 但弗斯特认为,这种关于美好生活的伦理的人权观念很难诠释跨国正义的人权观念在政治社会中发挥的证成的结构关系。

弗斯特认为,这三种人权理念都片面地强调了人权的某些方面,即它们作为保护人类基本利益的规范核心、它们在国际法和政治实践中的作用以及它们声称在不同文化和伦理生活方式中具有普遍的正当性。在弗斯特看来,这三种观点淡化了人权主体的社会和政治的证成的权利结构关系。人权不是实现或享受某些物品的手段,也不是在国际舞台上从外部评估社会结构的主要手段,它们是将自己和他人视为行为人的人的自主权,即在跨国正义的社会和政治上有平等的参与权利。权利赋予行为人"规范权力"意义

---

[1] Ignatieff M. *Human Rights as Politics and Idolatry*, Princeton, NJ: Princeton University Press, 2001.
[2] Cohen J. *Minimalism about Human Rights*, Journal of Political Philosophy, 2004, 12(2): 197.
[3] Vincent R J. *Human Rights and International Relations*, Cambridge: Cambridge University Press, 1986: 48-49.
[4] Cohen J. *Minimalism about Human Rights*, Journal of Political Philosophy, 2004, 12(2): 190-213.
[5] Cohen J. *Minimalism about Human Rights*, Journal of Political Philosophy, 2004, 12(2): 197.
[6] Cohen J. *Minimalism about Human Rights*, Journal of Political Philosophy, 2004, 12(2): 199.
[7] Cohen J. *Minimalism about Human Rights*, Journal of Political Philosophy, 2004, 12(2): 210.

上的社会和政治权力,即共同决定一个人的社会和政治生活条件的权力。人类有权要求这种权力,而人权就是这种权力的一种话语表达形式。弗斯特认为,人权观念需要这种更深刻的规范性表达,这就需要从其历史维度去深入考察其规范核心。①

在早期的社会冲突中,人权最初表现为"自然的"(Natural)或"上帝赋予的"(God-given)权利,而到了17世纪,"与生俱来的权利"变成了一种只有在受影响者授权的情况下才能行使的权力形式。这些权利的语言是一种社会和政治上的解放性语言,这种权利强调主体不仅是一个完全融入社会的成员,而且是一个社会和政治主体。弗斯特认为,这种人权观念从消极意义上说,不受任意的社会或政治支配;从积极意义上说,是一个"有价值的人",被视为和承认是一个"有尊严的人",也就是说,有正当理由的权利。这项权利意味着,任何合法的社会或政治秩序都必须给予臣民有充分的正当理由。弗斯特认为,人权的最初含义是一种共和主义秩序,而不是一种典型的自由主义秩序。因为即使平等主义者,例如理查德·奥弗顿(Richard Overton)主张"财产和自由"②的人身权利,他们也提到了这是使他们独立于封建统治或专制统治之外的社会和政治行为人的手段。这一权利话语的要点是主张参与政治结构的权利,这些权力结构决定了他们所享有的权利和义务。

随后,1789年的《公民权利宣言》明确给出了人权概念的法律表达,这里把"人权"和"公民权利"联系起来并非偶然。《公民权利宣言》赋予个人权利建立自由社会和主权国家的政治意义。人权是反对不合理的社会和政治统治结构的权利,最重要的是,人权是共同确定的法律的权利。③ 1948年的《世界人权宣言》强调每个人都有权享有的"充分实现本宣言所载权利和自

---

① 弗斯特关于人权观念跟随艾伦·布坎南(Allen Buchanan)的观点,他认为人权观念不应该忽视人权的历史层面。参见 Buchanan A. *The Egalitarianism of Human Rights*, Ethics, 2010, 120(4):679-710.
② 参考 Rainer Forst. *The Justification of Human Rights and the Basic Right to Justification: A Reflexive Approach*, Ethics, 2010, 120(4):711-740.
③ Paine T. *Rights of Man, Common Sense, and Other Political Writings*, Oxford: Oxford University Press, 2008.

由的社会和国际秩序"①,也就是说,人们不应该受到不公正或者强权统治的剥削与压迫。相反,如果没有这些权利的主体参与,就无法确定一套具有法律约束力的权利。

这一简短的历史反思对于理解人权的规范性实质、法律功能和道德普遍主义的观念有极其重要的意义,从这个基础出发,弗斯特问道:我们如何用这种理念综合分析跨国主义的人权观念?如果在跨国语境的意义上存在隐蔽的多重压迫与剥削,我们如何界定多元文化发展中的人权观念?于是,弗斯特分析了学术界两种反对人权观念的逻辑,以便明晰他所提出的跨国人权观念内在的规范核心。这种反对意见分别是:其一,在国与国之间,人权观念是西方资本主义国家用来在政治和文化上支配其他社会与国家的政治手段。人权观念掩盖了西方资本主义国家的霸权形象;其二,在国家内部,人权观念成为了国家统治阶级捍卫政治权力的工具。在这个意义上,人权观念又变成了支配与压迫本国人民的借口。弗斯特认为,人们无论赞成哪一个批判立场,他们都会进入陷阱。因为两者都致力于让人们陷入"压迫性的自由"而不是"免于压迫的自由"②。所以弗斯特试图打破传统的人权观念,发展一种作为基本"证成权利"的跨国人权观念。弗斯特认为,跨国文化人权话语形成的条件在于对相关的跨国文化内部的话语权进行适当的审查。人权产生的实际情境是一个社会和文化的内部所产生的不同意见和冲突的背景。在这种冲突的背景中,人权的基础和合法性的概念都必须考虑这种异议,并对被视为不公正的现有结构的正当性需要以特定的方式加以证明。因此,在对具体人权的所有要求之前,弗斯特强调了一项基本权利要求,即"证成权利"。有了这种基本的人权观念基础,人们才能公正地对待人权最初的解放意义:即在政治环境中建立一个更公正的社会的具体要求就是发展一种既具有文化中立性又具有文化敏感性的权利概念,这种跨国人权观念被证明是任何人都不能拒绝的基本权利,既适用于特定语境又具有

---

① 参考 Forst R. *The Justification of Human Rights and the Basic Right to Justification: A Reflexive Approach*, Ethics, 2010, 120(4):711-740.
② Forst R. *The Right to Justification: Elements of a Constructivist Theory of Justice*, New York: Columbia University Press, 2012:203.

普遍有效性。

二、文化完整性与人权观念

(一) 文化完整性

弗斯特的跨国人权观念是从文化的完整性(Cultural Integrity)的理念为起点来阐述的。完整(Integrity)这个词意味着所涉文化是一个自立的、在某种意义上是"完整"的统一有机整体。[①] 在此基础上,如果有外部的文化进行侵犯,那么就会破坏其内部的完整性,使其价值观妥协,从而损害其真实性。因此,人权强加的"外部"道德被认为是一种侵犯。弗斯特认为,"文化的完整性"意味着尊重和维护一种文化的传统要求,也是尊重特定社会和政治秩序的要求。弗斯特从一个高度理性化的"文化"理念开始,他认为通过这一文化理念可以构成一个政治共同体的自我理解和相应的制度。简言之,维护这样一个社会的文化完整性最主要的不是政治自觉,而是要尊重一个自主发展的文化结构的核心组成部分的不可侵犯性。

当然,弗斯特在这里也强调,他对这种文化完整性的诠释绝不是让我们放弃对任何文化改变与发展的可能性,而是为了避免外部强迫的干预。弗斯特认为,内部发展可能会受到内部质疑,但文化的发展绝不能被想象成一个没有任何内在的生命或运动的永恒存在。相反,集体的发展被认为是由其成员的发展构成的,反之亦然;在这个内在世界的存在中,发展与变化是不可避免的。这种关系的相互性在于个体完整性是整体完整性产生的条件,成员的完整性是共同体完整性产生的条件。整体的伦理意义是个体通过归属于社会而在生活中体验到的东西,文化发展既产生又依赖于其成员的发展。因此,整体的完整性不能独立于主体来定义和主张。而这反过来又意味着,不能以牺牲各部分的完整性为代价来换取任何公共的完整性。因此,如果一个人预先假定了文化自身的自我理解,那么这样的文化就需要被尊重。作为内在的道德要求,不同社会或文化只能要求相互理解与尊重,

---

[①] Forst R. *The Right to Justification: Elements of a Constructivist Theory of Justice*, New York: Columbia University Press, 2012: 205.

而前提是这些理解确实是共享的,而不是强加于人们的任何部分。同时,弗斯特强调,他所提出的"文化完整性"只是建立了一个争论的起点,因为弗斯特提醒我们,当代多元文化的政治现实中,几乎没有遇到单一文化的国家,即使一种文化几乎完全被某个国家所支配与统治,也会产生许多内部分歧和冲突,也就是说,一个主张这种政治文化统一的自主理论,从一开始就不需要考虑这些束缚所带来的影响。

弗斯特认为,文化完整性的正当要求有一个内在的标准,即文化的成员不受外部强迫的文化要求。一种文化只有在它自己的成员承认它的情况下,才有资格作为一个充分完整的整体而受到外人的尊重。也就是,外在的尊重是以内在的接受为前提的。文化及其制度的合法性和质量本质上不是基于抽象意义上的"共识",而是建立在其成员文化和制度的实质性价值和真理(如宗教真理)之上。合理地接受社会文化结构的前提是,社会成员承认目前的公共制度是他们自己信念的适当表达。而文化完整性主张的捍卫者必须能够在跨文化话语中表现出来,而不能被描述为一种家长式甚至专断。除这个解释上的错误之外,弗斯特认为,更重要的是,我们还犯了一个道德上的错误:如果把定义的权利留给社会中掌权的人,我们就会把那些持不同意见的人视为文化上的局外人,并迫使他们保持沉默。所以,弗斯特认为,单一文化社会的假设必须撤回,因为这种观点必定会有成为意识形态工具的风险。弗斯特强调,一个人离一种文化越近,他在这种整体文化中感受到的外在的差异和冲突就越多,他就越批判性地倾向于在整体意义上的文化完整性。[①]

从弗斯特的分析中,我们可以得出两方面的结论。一方面,尊重一种文化是一个完整的统一体,前提是要认真对待"文化完整"的概念,以防止片面、排他性的强权统治强加于文化之上。作为一个整体,文化的成员必须真正认同并接受文化及其当前的制度,因为文化是政治和道德的有机统一,即内部的文化和道德连贯性越强,它就越需要外界的尊重,而这种连贯性应是

---

① Forst R. *The Justification of Human Rights and the Basic Right to Justification: A Discourse-Theoretical Approach*, Netherlands Journal of Legal Philosophy, 2016,45(3):711-740.

建立在非强制性的支持之上的。这不是一个外部强加的规范性,而是一个从论证的完整性逻辑中产生的"证成权利"。

另一方面,更重要的是,根据弗斯特的解释,当文化完整性的主张受到质疑时,所提出的道德反对和要求只能由文化和社会本身的成员从内部提出。对文化价值和习俗的另一种解释以及对社会权力的再分配的要求是由"内部人士"提出的。如果某一特定的社会文化结构对某一特定的社区来说是适当的,在道德上是合法的,那么这个文化成员的所有人必须能够承认这个结构及其制度是"他们自己的",是适当的、合法的。一旦这种认识受到质疑,人们就必须用理性而不是武力来回答这些问题,以免这种文化危及其完整性。正因为如此,随后发展起来的社会话语不仅是一种道德上的世界语,而且是一种文化成员表达自我理解并将其与他们认为应该被倾听和接受的规范性主张联系起来的政治话语。

(二) 以"证成权利"为基础的人权观念

通过对弗斯特"文化完整性"观念的阐述,我们发现,弗斯特所支持的人权观念是基于民族国家内部的文化完整性来考察的。伦敦国王学院哲学系安德烈·桑吉奥瓦尼(Andrea Sangiovanni)教授强调,人权是"道德权利",他认为这些权利是"道德上最紧迫的要求或普遍的道德权利"[①]。针对桑吉奥瓦尼的观点,弗斯特提出以下问题:如果人权的概念是要说明为什么道德权利的这一部分应当受到普遍关注,那么,例如,尊严或规范这样的道德语言可能是不可避免的,否则,这一概念似乎是相当空洞的。然而,弗斯特认为,桑吉奥瓦尼关于人权一般概念是非常模糊的,它使规范领域过于开放,而规范领域规定了作为人权问题的普遍关注的问题,如果要在各种情况下有意义地使用这一术语,就必须有某种道德上的统一,而这些权利的道德意义就需要投入更多的规范性内容。于是,弗斯特认为,人权观念需要确定不同的人权概念之间的分歧的基础是什么。在这种人权观念的争论中,桑吉奥瓦尼对人权的"非常广泛的理解"是不够的;相反,弗斯特认为,我们需要的是

---

① Sangiovanni A. *Humanity Without Dignity: Moral Equality, Respect, and Human Rights*, Cambridge, MA: Harvard University Press, 2017: 186.

第四章 基于"证成权利"的跨国正义与人权观念

一个没有人能够合理拒绝的人权概念。

弗斯特认为,"证成权利"是一个"文化中立"的人权观念,它为跨国正义人权观念提供了基础。弗斯特认为,特定文化中人们对尊严或荣誉有着完全不同的"厚"概念,他们把自己的权利主张与他们特定的文化的自我理解和习惯联系起来。在各种的文化领域中,他们为一个更公正的社会而奋斗,这个社会值得被承认为他们自己的证成社会。从这个意义上说,对人权的要求和对各自文化中的"证成权利"要求并不矛盾。对人权的要求不仅是为了建立一个值得普遍承认的社会结构,更是群体的"证成权利"所要求的社会权力基本道德结构。人权产生于对文化本身的不公正的历史与生活的经历中。弗斯特引用印度女权主义者乌玛·纳拉扬著作中的一段话:"我们之所以反抗,是因为我们认为文化及传统和习俗对妇女造成了侮辱。或者说,我们的文化造成了妇女的痛苦和死亡,而我们就是其文化暴行的同谋……我们都需要认识到,批评的姿态并不一定会使一个人成为批评对象的'局外人',而恰恰是一个人作为一个被批评的文化'内部'的身份,并受到文化的深刻影响,才给予批评的动机和紧迫性。我们需要摆脱一种文化语境的封闭的理性空间,因为'内部'有一个同质的空间,居住着'真实的内部人'。"[1]

从这段话中,我们发现女性在家庭与社会中所遭受的痛苦,这种痛苦有着不同的以及更原始的根源,可能来自于世界、国家,还有可能来自她们的民族或者家庭。因此,人权观念需要在各种的文化语境中用"证成权利"来解释自己的主体地位,而这种人权目标是使社会完整性更具包容性,因此,并不针对一般的"文化"。因此,在所有这些具体的冲突和斗争中,可以找到某种自主的概念,这一概念最初可能是消极的:它是那些不再被忽视的人的自主,不再仅仅作为维护某些权力关系的手段。用康德的话说,人是目的,而不是手段,就是能够在具体的语境中要求为社会关系辩护。在某种程度上,主体将这种要求与权利的语言联系起来,在他们的主张的核心中存在着一种人的概念,即人是一种既给予理由又要求理由的存在,因此,在这个意

---

[1] Narayan U. *Contesting Cultures: Westernization, Respect for Cultures, and the Third-world Feminists*, in *The Second Wave: A Reader in Feminist Theory*, ed. Linda Nicholson, New York: Routledge, 1997:396-414.

义上是自主的。"证成权利"表明了社会抗议和斗争的规范性深层语法,其中对证成的具体要求与权利的语言相联系。因此,出现了一种逻辑发展的可能性,即"道德现代化"意义上的发展逻辑,在这种逻辑中,可以根据"证成权利"要求越来越多的社会关系理由,并可以提供越来越多建设性的证成理由。一旦这种原因动态逻辑在一种文化中发展起来,这个过程就会通过两种方式发挥作用:一种是以合法的方式,通过提供充分的证成理由;另一个是非法的,通过强权和武力。在这样一个过程中,人权的语言就是社会解放的语言。无论谁说这种语言,都不会依赖于一个不合理的权威,而是依赖于一种主体间相互性的观念,这种人权观念不能简单地被视为特定文化的标志,相反,这种人权观念出现在任何不公正的权威和特权被审查的地方。

在这种由"证成权利"引发的内外冲突中,就产生了对人权的要求:人权是"从内部"证成权利产生的,是针对"内部"的权利。这种要求是为了建立一种社会结构,这种结构要对文化和社会的性质作出定义,决定对其成员的适当待遇,以及对谁应该得到什么的问题给出答案。当人们为了某些规则、法律和制度的正当性而要求理由时,当他们得到的理由不再足够时,这种冲突就会产生;当人们认为他们作为自己的文化和社会的一员,也仅仅是作为人被不公正地对待时,就会产生这种冲突。在这种冲突中,他们认为至少有一个人类基本的道德要求,任何文化或社会都不能拒绝:每个人都应该被他人尊重,他们有权利要求所服从的行为、规则或制度给予他们证成的理由。在这里谈论跨国正义的人权观念实际上是每个人所有权利中最基本的权利,就是说,它表达了一种根本的、绝对有约束力的主体间主张,是相互的、普遍的、无可争辩的合法要求。

三、跨国正义之人权观念的建构

弗斯特认为,人权同时具有双重的意义。一方面,它们对具体的不合理的社会发展和不公正提出反对意见;另一方面,它们是建立公正社会关系的重要组成部分和建设部分。鉴于弗斯特对人权观念的分析,建构主义人权观同样也要区分三个层面:第一,在道德建构的层面上,一个普遍的人权观念被证明是正当的,任何个人或国家都不能合法地拒绝。第二,在政治建构的层面上,需要发展法律、政治和社会的实践结构,在这些领域中,自主性的权利才能在特定的历史和社会背景下被具体地证明、解释与实践成为基本人权。第三,跨国正义之人权观念的建构。弗斯特认为,跨国正义的人权观念是由道德建构主义和政治建构主义两个截然不同但完整的阶段构成的。道德建构主义的一个目标是构建一个不能被合理拒绝的基本道德权利清单;从某种抽象的角度来看,公民必须通过政治建构主义的实践过程来进一步阐述这些问题。

(一)道德层面的建构

弗斯特在不将道德与政治混为一谈的情况下,宣称其道德建构主义框架是其政治理论的规范基础。弗斯特认为,主体所能要求的基本权利都是以道德人的概念为前提的,道德人是权利要求的作者和接受者,他们是从具体的文化语境中抽象而来的基本概念。自主道德人既具有规范原则的理论洞察,又具有对证成原则的实际洞察。获得正当理由的权利是主体作为道德共同体的成员,对他人文化和信仰的文化宽容的具体体现,是一项没有理由拒绝的基本权利。依据"证成权利",弗斯特设定了两个为行为辩护的标准:相互性和普遍性。这两个标准共同赋予道德人一项基本的否决权(Veto-right):"证成权利"。在这一基本权利的基础上,人权被确证为任何人都不能拒绝和否认的基本权利。

通过这两个标准,弗斯特认为,我们不需要为这些权利提供形而上学或人类学基础。相反,这种方法不是单纯意义上的建构,而是具有主体间不可拒绝的"理性"结构。证成的基本权利在一个递归的反思中显现出来,并以话语的方式解释了在道德背景下证成的个人行为和一般规范的含义。任何声称具有普遍和相互效力的道德规范都必须能够向根据这些标准接受规范的人证明其有效性。

正如弗斯特所认为的,以"证成权利"为基础的人权概念是文化中立的,因为它既有内在的文化的道德基础,又有超越文化的中立的规范意义。任何一种文化都不是纯粹的外部"发现",因为其自身对文化完整性和内部接受的要求都以主体间确认的"证成权利"为前提的。在这种情况下,一个社会的成员声称这项权利是对具体权利要求的权利基础,就不能再由毫无合理性的权威价值观或强权制度来决定。弗斯特强调,如果我们没有这样一个既具有普遍性又在内容上相对开放的权利规范起点,就不可能有跨国人权的一般概念。

(二)政治层面的建构

在人权的道德建构基础上,弗斯特呼吁另一种社会的政治建构视角,在这种视角下,社会作为一种证成性秩序,由规范和制度组成,并以一种主体间证成的方式共同管理他们的生活,这种秩序或许在合作中,或许也在冲突中。这无疑体现了社会环境的"政治性":它不仅要求为某人拥有"证成权利"提供证成的理由,而且最重要的是确定谁有权要求什么,以及参与者如何民主地理解他们作为正当理由的作者和接受者的双重角色。因此,政治建构主义是道德建构基础的实践、检验以及批判过程,是"公民之间具体的法律、政治和社会关系的民主证成"。[①] 不同之处在于道德层面概述了政治秩序正当性的基本道德结构,而政治层面为关于该秩序内的政治内容的民主证成留出了实践的空间。弗斯特写到:"这个结构既是正义基本结构道德建构的结果,也是公正的政治和社会秩序的政治建设的基础。"[②]另外,道德建构必须与政治建构相伴的主要原因是,道德建构只是导致了一个非常笼统的权利清单,我们所假设的道德人可以拥有道德权利主张和正常的权利,他们也必须能够作为特定政治共同体的公民的政治决策者。人们作为道德人和公民都要求这些权利,这是产生证明和适用人基本权利的实际背景。

政治建构的任务是在政治社会的实践中,作为政治话语权并确保这些权利的具体确定和解释对所有受其制约的人都是正当的。这并不意味着仅仅"适用"或"反映"一套固定的道德建构的人权;相反,在这一层面上,基本权利的政治建构决定和解释了在一个特定的政治社会中,享有言论自由、政治参与权、体面的社会地位等的含义。政治建构不应该仅仅被理解为预先确定的一系列道德权利的应用和制度化。而且还应被理解为,对资本主义

---

① Forst R. *The Right to Justification: Elements of a Constructivist Theory of Justice*, trans. Jeffrey Flynn, New York: Columbia University Press, 2012:175.
② Forst R. *The Right to Justification: Elements of a Constructivist Theory of Justice*, trans. Jeffrey Flynn, New York: Columbia University Press, 2012:182.

社会政治制度的不公正结构的揭露和批判。在这种情况下,人权是以话语政治建构主义的方式确证的,是参与者以批判的政治方式为自己辩护的。在涉及基本权利时,所有人都必须作为平等接受者和参与者参与确定这些权利,这些参与者对自己和他人的地位进行反思,并超越既定的法律和政治形式,以改进这些权利。

人权观念的政治建构体现了弗斯特对正义的重新解读。弗斯特认为,正义不是一个分配物品或社会价值的问题,而是一个如何产生这些社会价值以及如何公正地实践生产的问题,也是一个由谁来负责生产和分配的问题。换句话说,正义涉及结构性关系的问题,即政治和权力的问题。"正义"与"支配"截然相反,正义是对支配统治进行批判性的审查。因此,人们应该将正义理论视为一种独特的正义理论,至少在人们从根本上理解为"要求和提供正当理由并挑战虚假合法性"[①]的话语或正当权力的情况下是这样的。在政治话语中,公民是建立合理社会的合作者,他们并不是在道德的天堂里,相反,他们正在为国家的最佳秩序而进行各种冲突与斗争,在这种冲突中他们担任道德的角色,维护任何人都不可拒绝的基本权利,无论是为了法律的公正、政治的平等还是社会的包容。因此,人权不是由一国纵向"授予"的权利,而是人们在正当化过程中普遍接受和授予的权利,因此它是相互承认的表现。因此,弗斯特认为,在不公正的情况下,"证成权利"赋予那些服从规范性秩序的人成为该秩序规范平等合著者的权利。这是弗斯特跨国正义人权观念的核心。

(三)跨国正义语境下的人权观念建构

在道德层面与政治层面的基础上,弗斯特试图扩大范围,意欲在跨国正义的范围以道德与政治相结合的形式考虑人权的观念。从跨国正义的视角来看,弗斯特所采用的道德与政治相结合的建构形式完全不同于罗尔斯诉诸的政治建构的单一视角。弗斯特认为,道德建构应该理解为政治建构的基础,而不是政治建构理论的替代品。在弗斯特的跨国正义语境中,道德建

---

① Forst R. *The Right to Justification: Elements of a Constructivist Theory of Justice*, New York: Columbia University Press, 2012:9.

构与政治建构是基础与实践的关系。弗斯特认为,道德建构必须与政治建构相伴并与之相结合。跨国正义的人权观必须区分"话语建构"的两个层面:在道德建构主义的层面上,一个普遍的权利概念被证明是正当的,任何个人或国家都不能合法地拒绝他人;在政治建构主义的层面上,需要发展法律、政治和社会结构的证成概念,在这些概念中,这些"证成权利"在特定的历史和社会背景下被具体地证明、解释、制度化和实现为基本权利。更狭义地说,人权"给予人们对不正当行为或规范的道德否决权"[1],为围绕争论和异议的政治理论奠定了基础,公民通过对不可接受的理由说"不",将这些道德权利内化并在政治上表达出来。换言之,道德基础建议一种政治概念,人们通过以持续的方式质疑受国家内与国家间的正当性来行使他们的人权。

从某种角度来讲,弗斯特的道德与政治结合的论点隐含着人权和人民主权的"均势"(Equiprimordiality),但弗斯特在这个问题上与哈贝马斯的观点并不完全相同。哈贝马斯试图避免对道德或"自然"权利的争论,他表明,人权和人民主权以及由此产生的"私人"和"公共"自主关系既不相互矛盾,也不存在一种规范性优先于另一种的关系,因为两者都是以民主政治秩序的法律制度化为前提的,在这种秩序中,公民同时是法律的创造者和接受者。弗斯特对政治建构主义的概念与哈贝马斯的立场一致,即建立一个基本的社会结构会导致一种民主的法律状态,在这种状态下,公民成为政治正当性的主体,法律作为法人成为法律的主体。但是,弗斯特意识到,政治自主和法律自主是一枚硬币的两面,它们受到基本权利的保护,而这并不意味着这些权利在实践中不会产生冲突。弗斯特意识到了道德建构的重要作用,他批判哈贝马斯将"话语原则"与民主自决的法律制度化所隐含的人权的"法律形式"结合起来,这并没有充分体现人权的这一道德规范层面。此外,哈贝马斯将"私人自主"主要理解为拒绝交流的自主领域,从而低估了保护个人自主的权利的内在道德价值。除此之外,哈贝马斯也没有意识到,即使人权的内容需要以法律的形式加以诠释,那么人权也要具有作为具有法

---

[1] White S. *Does Critical Theory Need Strong Foundations?* Philosophy and Social Criticism, 2015, 41(3): 207-211.

律约束力的权利的积极效力,并且仍保留其道德上的正当性,因此这种权利是同时具有道德和政治层面上的权利。也就是说,人的基本权在其具体形式和积极的法律意义上具有法律性质,但其核心内容仍具有道德性质。因此,弗斯特认为,人权的要求本质是道德要求,或者说道德理由,但人权总是在具体的政治话语中得到具体的合法化和承认。

弗斯特认为,上述他所讨论的跨国正义的人权观念是在合理的道德规范和社会政治基本结构共同体之间的双重作用下发挥效力的。一个政治共同体的公民必须发挥道德人和"世界公民"的作用,不仅要尊重自己的权利,而且要尊重非其政治共同体成员的其他人的权利。"证成权利"不仅对政治主权强加了内部条件,它还对外部行为加以限制,因为对"证成权利"概念并不以国家边界为终点。其他国家的受害者也可能是自己国家现在或过去的政治或经济统治和压迫的受害者。例如,一个国家的跨国政治决策可能对另一个国家的居民产生生态、经济等影响。故而,弗斯特明确指出:第一,每一个政治秩序都必须为这些权利要求做出规定;第二,跨国语境才是全面提出权利和正义要求的恰当语境。人们必须问,人权的概念究竟包含什么,即哪些义务与这些权利相对应。这里必须指出的是,"证成权利"的要求总是以受权力影响的人为先决条件,权力实施者有义务尊重这些要求并保证这些权利得到尊重。同样重要的是,在人权的背景下出现了一幅关于权利的接受者和负有某些责任者的复杂画面。

人权是一个复杂的现象,包括一系列不同的方面。他们有道德生活,表达人们的道德关切和要求,在全球任何地方都不容侵犯或忽视;它们也有法律生活,被载入国家宪法和基本权利清单以及国际宣言、盟约和条约;他们有自己的政治生活,表达基本的政治合法性标准。除了这些方面,人权也有其历史存在,尽管这一理念何时首次实现以及这对我们意味着什么是一个有争议的问题。但为了对人权进行全面的哲学阐述,所有这些方面都是必不可少的,必须以正确的方式加以整合。然而,在这样做的时候,我们决不能忽视人权的核心社会方面,也就是说,在什么时候和什么地方有人要求得到人权,是因为有关个人遭受和抗议各种形式的压迫和剥削,他们认为这是对他们作为人的尊严的漠视。因为他们知道,他们反对的行为或制度违反了对人类的基本尊重,是对全人类社会的关切。人权首先是打击人类相互造成的某些罪恶的武器;他们强调任何人都不能合理地拒绝他人的待遇标准,而这种标准应当在合法的社会秩序中得到保障。

(四) 人权与跨国正义的关系

弗斯特的人权观念是在跨国正义的语境下提出的,因此,两者的关系相辅相成:人权观念是跨国正义的基础,跨国正义是人权观念的保证。

一方面,人权观念是跨国正义理论的基础。弗斯特认为,人权观念是一个"文化中立"的概念,它为跨国正义理论提供了基础。在对具体跨国正义的人权观念有所要求之前,弗斯特强调了一项基本权利要求"证成权利"。有了这种基本的人权观念基础,人们才能正确地对待人权所表达的解放意义:即在跨国正义的语境中建构起更公正的社会秩序,其具体要求就是发展一种既具有文化中立性又具有文化敏感性的权利概念。这种跨国人权观念被证明是任何人都不能拒绝的基本权利,既适用于特定语境又具有普遍有效性。弗斯特的人权观念把主体看作一个给予理由(Reason-giving)和值得被给予的理由(Reason-deserving)的行为人,也就是说,主体是不仅有能力提供和接受理由,而且具有基本的正当权利的人。这种人权观念的道德基础就是尊重主体作为一个自主的行为人,他拥有证成的权利,这一权利要求不受国家或其他行为人的社会或政治的支配或压迫。基于尊重的基本道德要求,人权保障了人们在政治和社会中的平等地位。[①] 从这一人权观念出发,弗斯特的"正义的证成"观念的目的不再局限于回答社会正义如何可能,而是在此基础上试图发展一种主体间相互尊重、相互证成的平等话语权利,在这种话语的"证成权利"中最终实现世界人民的自由与解放。

另一方面,跨国正义观念是人权观念实现的保证。在跨国正义的实践过程中,社会和文化的内部语境是产生人权要求的实际背景。弗斯特试图打破传统的人权观念,发展一种作为基本"证成权利"的跨国人权观念。弗斯特认为,跨国文化人权观念要求对跨国文化内部的政治话语权进行适当

---

① Forst R. *Justification and Critique: Towards a Critical Theory of Politics*, Cambridge: Polity Press, 2013:45-46.

的审查。人权产生的实际情境是一个社会和文化的内部所产生的不同意见和冲突的背景。在这种冲突的背景中,人权的基础和合法性的概念都必须考虑这种异议,并对被视为不公正的现有结构的正当性需要以特定的方式加以证明,弗斯特强调,正义不仅仅意味着抽象意义上的"共同价值观",考虑到他们不同的历史和文化"地位",我们需要一种多元文化正义的道德观念。

弗斯特强调,我们需要在"多元文化国家的综合正义理论"的框架内找到跨国文化权利的论据,他为这一理论的政治实践和应用提供了基础和讨论。跨国文化的人权观念必须依据不同文化群体"不合理地拒绝"的基本要求。因此,任何一个文化群体都不能简单地概括自己的价值观和自我理解,并将其强加给其他跨国文化群体。这种跨国正义的人权观念意味着在任何语境中我们都不能排斥任何个人或群体的基本证成权利。作为一种道德世界语在文化上是"中立的",跨国正义展现了跨国文化的多样性,并且保持了这种多样性的良性发展。

第三节 跨国正义之人权观念的积极意义

毫无疑问,基本的"证成权利"是一个普世主义的起点,人权的概念以道德建构主义的方式列出人权清单,并在政治语境中产生效用。人权的观念既不是由一个特定的共同体也不是由一个全球共同体来决定,它是关于跨国正义的权利概念,该概念旨在建立一种基于对正义相关背景考虑的跨国正当性秩序。

值得注意的是,"证成权利"并不是将冲突转化为和谐的秘诀。作为正义的政治概念,"证成权利"并不试图将不同的观点和关切融合为一个公正的统一概念,而是接受多元义化作为一个不可避免的和永久的现代性条件。它的目标不是克服分歧或异议,而是在不同的主张、立场和观点之间建立一种建设性的话语协商,从而创造一种程序过程,通过这种程序过程,冲突可以被引导到话语中,在商谈中达成共识。

弗斯特人权观念的积极意义可以总结为以下几点:

一、明确世界公民的道德义务

作为一个全人类道德社会的成员,道德人不仅有义务尊重他人的人权,而且有义务在他人的权利受到侵犯时帮助他人。作为一个国家的公民,应该与其他国家的公民联合起来反对侵犯人权的行为。作为具有道德的人类和世界的道德成员,人们有正义的责任帮助受强权统治、剥削与压迫的人们摆脱被奴役的状态。国家、国际机构以及跨国组织在其政治和法律上保障人权。这种道德公民所努力的主要目标是使人们能够建立一种政治话语结构,使他们的基本"证成权利"不再被剥夺和侵犯。因此,弗斯特强调,这种人权的义务不是家长式的,而是内在的,因为它主要意味着尊重每个人的基本"证成权利"不会受到侵犯。归根结底,人权的目的是防止系统的、持续的不公正的权力关系,而人权本身就负有为自己证成的严格义务。

二、防止国家之间的多重霸权侵略

跨国文化人权观念要求对跨国文化内部的政治话语权进行适当的审查。弗斯特认为,为了打破世界多重统治与强权剥削的恶性循环,我们要在特定的跨国文化语境中建构起跨国的政治自主性,并在跨国正义的人权观念中发展一项基本的跨国正义原则。根据这一原则,被世界多重统治的社会成员就有合法的权利依据,并在此基础上获得必要的"证成权利",以便在其政治共同体内建立合理的民主秩序。弗斯特认为,人权产生的实际情境是一个社会文化的内部所产生的不同意见和冲突的背景。在这种冲突的背景中,人权的基础和合法性都必须考虑这种异议,并对被视为不公正的现有结构加以批判与抵制。

三、争取更公正的社会权利

"社会权利"一般是指处于政治社会生活中的主体所享有的最基本的权利,这是一切社会权利的基础。阿马蒂亚·森(Amartya Sen)曾经指出,社会权利有可能界定一种考虑到文化差异的一般生活标准。但弗斯特却认为阿马蒂亚·森的论断是片面的,"社会权利"绝不仅仅是得到基本的生活物品的手段,而是在应该结合程序性和实质性的权利论据,承认自己有权成为社会和政治上的自主者。弗斯特跨国正义的人权观念具有内在的程序性和商谈性。它不指根据抽象道德原则,相反,正义是政治制度和个人之间政治对话的结果,只有当社会保证所有受法律影响的个人和群体都有公平的机会和充分的能力参与法律制定时,社会才能声称自己是公正的。弗斯特认为,在这种主体间的证成关系中,人们表达了道德的关切,权衡了政治理据,考虑了反对的意见,并提出了证成的建议。寻求正义是一个道德与政治并重的过程,在这一过程中,弗斯特跨国正义的人权观念试图发展一种主体间相互尊重、相互证成的平等话语权利,在这种证成的话语权利中最终实现世界人民的解放与发展。

第五章　弗斯特正义批判理论的整体评价

通过前面几章的分析，本书详细阐述了弗斯特"正义的证成"观念中"证成权利"这一核心概念在道德领域中作为道德规范基础的确证，在政治的领域中作为政治话语权力的建构，以及在跨国正义语境下作为人权观念的建构过程，并试图在个人与社会、社会与国家、国家与国家之间的证成关系中明确弗斯特正义批判理论所要建构的核心观点，即"正义的证成"何以可能。以此来厘清弗斯特"正义的证成"观念是如何协调个人、国家与世界之间的复杂权利关系的，从而为解决世界多元发展与统一的正义规范秩序要求之间的紧张关系提出理论与实践的依据。本章试图对弗斯特正义批判理论的价值与局限性进行整体的评价。

第一节　弗斯特正义批判理论的价值

一、重申正义之基：一元的与多元的

在当代，虽然"正义"的概念在我们的规范词汇中有着稳固的地位，但在政治层面上这一概念的稳固性却在逐渐消失。基于多元化发展的规范基础，哲学家们对正义有着各种各样的理解，包括自由、平等、需求、民主以及承认等价值。本书认为，虽然这些价值基础都具备各自的理论合理性，但也都具有一定的片面性，无法承载正义的普遍规范性基础。具体来说，第一，罗尔斯基于"自由"的正义基础就是其正义原则中的自由优先原则。但罗尔斯的"自由"基础缺少规范性的界定标准以及国家需要保障自由的程度，这样一来，"自由"这一概念本身似乎就无法确定了。第二，罗纳德·德沃金

(Ronald Dworkin)①以及威尔·金里卡(Will Kymlicka)②基于"平等"的正义基础认为,当人们受到不平等待遇时,似乎总是助长了对正义的矫正欲望。而对于"平等"的衡量标准却变成了"关于平等所涉及的具体内容",例如,资源、福利或个人能力等。这种观点把社会正义的基础建立在资源等的分配标准上,显然是非常片面的。第三,玛莎·努斯鲍姆(Martha Nussbaum)基于"需求"③的正义基础则聚焦于良好生活的质量与条件。这种观念同样没有抓住正义的本质,因为社会正义所描述的并不是简单的主观与客观的关系,或者人与物的关系,而是人与人之间的证成关系。而所有善的分配都是主体间证成关系的一部分。第四,基于"民主"的正义基础源于商谈的理论,哈贝马斯从"参与权"(Teilhaberechte)中衍生出"社会权利"④。这无疑扩大了自由主义对自由的理解,从某种程度上说这无疑是一种进步。但哈贝马斯将正义的哲学基础建立在语用学的理想化形式中,仍然有厚重的形而上学意蕴。根据他的民主的正义基础,我们无法保证某些参与权的民主进程涵盖了所有支持多元化正义的理由。故而,从某种程度上来说,社会正义似乎比民主基础所允许的条件更为复杂,需要比这个基础更规范或者更具实践性的规范基础。第五,阿克塞尔·霍耐特(Axel Honneth)的承认理论认为正义基于主体间的承认⑤。他从伦理的角度区别了三种善的承认形式:爱、权力与团结,从而表达了他对德性生活的理想憧憬。但霍耐特的承认理论更多的是实现正义的一种手段,而不是其本身的目的。那么,霍耐特的"承认"理论无法充分把握正义的基础、正义的动机乃至于正义的标准。

经过对几位学者理论的分析,我们发现,正义的规范基础仍处于争论中。但是弗斯特认为,这个问题所引发的争论并不意味着它"本质上是有争

---

① Dworkin R. *Sovereign Virtue*: *The Theory and Practice of Equality*, Cambridge, MA: Harvard University Press, 2000.
② [加]金里卡著,刘莘译:《当代政治哲学》,上海三联书店2003年版,第8—9页。
③ 关于弗斯特对于这个问题的讨论的详细内容参考 Forst R. *The Right to Justification*: *Elements of a Constructivist Theory of Justice*, New York: Columbia University Press, 2012: 189-193.
④ [德]哈贝马斯著,童世骏译:《在事实与规范之间——关于法律和民主法治国的商谈理论》,生活·读书·新知三联书店2011年版,第123页。
⑤ [德]霍耐特著,胡继华译:《为承认而斗争》,上海人民出版社2005年版,第41页。

议的"①,因为这些正义的观点都忽略了社会正义的首要任务,即结束支配和不合理的专断统治。弗斯特提醒我们,关于正义的规范基础要从批判不公正现象的分析开始。在对不公正现象进行批判与分析的过程中,我们才能意识到真正的正义的规范基础是主体的"证成权利"。

根据弗斯特的理论,我们发现,正义的规范秩序需要遵循一种"重要的事情优先"②的策略,这个"重要的事情"就是采用"证成权利"的一元优先性,并与多元价值规范评价相结合。"证成权利"是实现多元正义价值评价的道德基础,而多元的正义理论是"证成权利"的实践方式。弗斯特认为,只有承认主体间拥有不可相互拒绝的"证成权利",才能保证诸如上文提到的自由、平等、需求以及民主与承认的实施。由此,我们可以推断出,这并不表示弗斯特又创造了一种规范价值体系,或者弗斯特要彻底否定其他各类多元规范基础评价方式,他认为正义的规范秩序基础是主体间的最基本的"证成权利",在这种"证成权利"所依据的证成原则的实践下,允许对诸如自由、平等、需求、民主与承认等多元价值基础保持开放。正义的规范基础的第一核心要义在于拥有"证成权利"。这种权利保证了主体间作为法律接受者和政治立法者的平等地位。

二、重启证成之路:现实性与规范性

本书认为,不同于传统的正义理论,弗斯特"正义的证成"观念所强调的"证成权利"既是正义的基本原则,更是批判的理论起点。用他的话来说,"证成权利既是一种自主的原则,更是一种批判的原则"③。在批判原则的指引下,"证成权利"考察的是"什么原因阻碍了现代社会规范秩序的发展进

---

① Forst R. *The Right to Justification*: *Elements of a Constructivist Theory of Justice*, trans. Jeffrey Flynn, New York: Columbia University Press, 2012: 188.
② Forst R. *Justification and Critique*: *Towards a Critical Theory of Politics*, trans. Ciaran Cronin, 2013: 109-110.
③ Forst R. *Noumenal Power Revisited*: *Reply to Critics*, Journal of Political Power, 2018, 11(3): 294-321.

程"①。而"证成权利"理念若要承担这样的审查任务,只能通过审查并反思当前的理由的合理性来实现。于是,"证成权利"引发我们做如下思考:

一方面,从规范的角度考虑,规范性的权力理由是经由主体间批判以及反思后所形成的规范性的证成理由。另一方面,从现实的角度(或是描述性的角度)来看,现实性的权力理由指代社会政治世界中确立的、未经批判检验的理由,这些理由可能建立在虚假信息或规范性错误的基础上,但它们仍然是存在的理由,在形成、稳定或破坏规范性秩序方面起着作用。但是,在现实的政治社会中,这两种理由都没有进行明确的区分,也没有得到恰当的解释。弗斯特认为,权利证成理由的现实性与规范性的双重使用出现在权力概念的基本定义的不同阶段,即当我们阐明特定的权力概念,就会界定哪些权力是正当的,哪些是不正当的。弗斯特认为,这就是现实性与规范性分道扬镳的地方,也是弗斯特设法避免两者产生分歧的起点。在权力关系中,我们应该区分这两种权力理由,不可加以混淆。弗斯特认为:"当规范理论错误地将现实性理由视为判断标准时,它就出现了问题,而现实性在没有给规范性留有证成空间的时候就会出现不公正现象。"②弗斯特讽刺道:"如果你在现实性或者描述性意义上分析社会证成秩序是如何产生和再现的,那么在规范意义上使用这个术语的人可能会认为你是一个完全过分乐观的人。"③

当然,值得强调的是,在这种分析中,弗斯特并非要放弃现实性的权力理由,相反,他认为权力在现实性和规范性的双重意义上都是有价值的。于是,通过这两层含义的解读,弗斯特开启了规范中性的权力定义,目的是通过两层权利关系的竞争性,从而给予权利证成一个自我反思或者主体间重建的转折点:谁真正提出了这个问题,谁有权回答这个问题。因为"正义的

---

① Martha C. Nussbaum. *Frontiers of Justice*: *Disability*, *Nationality*, *Species Membership*, Cambridge, MA: Harvard University Press, 2006:123.
② Forst R. *Navigating a World of Conflict and Power*: *Reply to Critics*, Amy Allen & Eduardo Mendieta. *Justification and Emancipation*: *The Critical Theory of Rainer Forst*, State College, PA: The pennsylvania State University Press, 2019:158.
③ Forst R. *Justification and Critique*: *Towards a Critical Theory of Politics*, Cambridge: Polity Press, 2013:55.

证成"不是抽象的,而是以具体的方式提出的,即行为人不再满足于他们所服从的权威而提出的理性反抗。弗斯特认为,正义的证成可以从行为人的"证成理由"中形成自身与社会结构相适应的规范秩序。政治社会问题是受其影响的主体间的问题,也应由他们自主地解决。因为我们自始至终都是正义的人,我们的利益取决于我们认为重要和正当的东西。虽然我们经常被虚假合理化和编造的理由所蒙蔽或者蛊惑,但我们对现实虚假理由的反抗仍然可以通过解放的力量被激活。

从这个意义上说,弗斯特确实开启了一种新权利的证成之路,而这是我们允许自己屈从的唯一理想化的尝试,它所阐述的规范要求也同时承担着一种证成的要求,它提供了一套平等原则下虽然虚弱但却不断高涨的理性力量。因此,这种聚焦于内在观点或穿透性的视角意味着,证成的领域(The Realm of Justification)应该是一个理性的领域,这个领域是有效的,而且是有序的。并且,在这种"证成的秩序"(Order of Justification)中,我们不仅要以争取"证成权利"的斗争形式来反抗事实性的表达方式,而且也要巩固以及把握规范性要求中的"证成权利"的力量。

三、重建跨国正义的规范秩序:道德的与政治的

不同于国家主义与全球主义的正义理念,弗斯特认为正义观念应该延续休谟以及罗尔斯所提出的"正义的环境"(Circumstances of Justice)观念,挣脱国家之内与国家之间的政治束缚,而强调一种语境普遍主义的跨国正义观念。基于这样的跨国正义理念,弗斯特认为,跨国正义需要道德与政治建构的结合才能得以发展。弗斯特在不将道德与政治混为一谈的情况下,宣称其道德建构主义框架是其政治理论的"规范核心"。他认为,尽管道德建构保证了基本的法律、政治和社会结构的正义具有相互性以及普遍性的基础,但政治建构主义却是公民在具体的法律、政治和社会关系的民主证成的实践。不同之处在于前者概述了政治秩序正当性的基本道德结构,后者则为政治的民主实践留出了空间。人们通过以证成叙事的方式质疑政治的正当性来行使其道德权利。道德和政治不是对立的概念;相反,它们都是弗斯特证成的跨国正义所包含的。作为"正义的证成"观念的基础,"证成权

利"既是一种道德权利,也是一种反抗不公正现象的政治思想武器。①

这种跨国正义的道德与政治的共同建构理念意味着,正义的首要任务在于构建一个基本的正当化结构,或称之为"基本正义"。在这个结构中,所有主体都有平等的权利支持或质疑相关的制度与规则。用弗斯特的话说"只有这样,他们才能体验到自己既是政治的创造者,又是接受者"②。以此为基础,只有真正实现了基本正义,才有可能发展"最大正义",即证成的跨国正义。这是一种证成的差异化跨国正义理念。

本书认为,这一跨国正义观的一个显著特点是,它既是实质性的,即最终以正当性的道德权利为基础;又是程序性的,因为正义的证成的规范性是通过协商民主程序来规定的。然而,值得注意的是,与英美政治哲学关于正义是局限于国家还是延伸到全球社会的辩论不同,弗斯特的跨国正义以不同的形式追踪着规范的语境和关系:地方性的、国家的、全球的以及跨国的。故而,在弗斯特重建跨国正义的规范秩序的意义上,正义与某种政治制度(如国家)无关,但与政治权利结构、统治关系和正义诉求有关。只要统治结构和关系对受其支配的人未能提供相互和普遍的正当理由,就会产生这种要求,这是世界上每个受剥削与压迫的人追求正义的要求。

第二节　弗斯特正义批判理论的局限

虽然弗斯特正义批判理论具有重要的理论价值,但是其正义批判理论也存在不同程度的局限性,并遭到了学术界各方面的批评,使弗斯特的理论陷入质疑与诘难之中。因此,这一部分内容将从理性观念、权力理念以及规范普遍性这三个批判角度为切入点,审视相关学者对弗斯特理论的批判,以及弗斯特本人的辩护与回应,最终本书试图对弗斯特正义批判理论的局限

---

① Forst R. *Noumenal Power*, The Journal of Political Philosophy,2015,23(2):1-17. 同时参考 Allen A, Rainer Forst & Haugaard M. *Power and Reason*, Justice and Domination: A Conversation, Journal of Political Power,2014,7(1):7-33.
② Forst R. *Justification and Critique: Towards a Critical Theory of Politics*, trans. Ciaran Cronin, Cambridge:Polity Press,2013:123.

性的讨论做出进一步的思考。但是需要明确的是,局限性的讨论秉持的是一种相对开放性的批判立场,并非对弗斯特正义批判理论的全盘否定,也就是说,本节对弗斯特理论局限性讨论的目的并非意图动摇其整个正义批判理论的根基,而是试图发现弗斯特正义批判理论值得进一步完善的方向。

一、理性观念局限性的分析

弗斯特正义批判理论发展了康德的实践理性的观念,其核心是把人看作是理性主体,这些主体是正义的行为人。然而,弗斯特对理性的依赖遭到了众多学者的质疑。艾米·艾伦指责弗斯特把正义理论建立在独立理性的抽象原则之上,这是不适当的理性主义者,是"绝对主义者",甚至具有一种启蒙必胜主义的形式。[1] 另外,伦敦国王学院哲学系安德烈·桑吉奥瓦尼(Andrea Sangiovanni)教授认为弗斯特基于理性主义的正义观念是有局限性的。桑吉奥瓦尼坚持认为,"任何对道德的基础、力量和内容的充分考虑,都必须确保社会情感及其相关能力和性情的一个更为中心的位置,其中最重要的是同情心。缺乏同情心会削弱我们的行动、交流等能力,正是因为缺乏同理心会导致人们无法成功地接受道德观点"[2]。从他们的表述,我们发现,众多学者都从不同的角度对弗斯特的理性观念提出了质疑。

弗斯特正义批判理论显然是要避开这些指责的,弗斯特在他的理论中始终坚持他的实践理性的核心地位,他坚信这是对道德、政治社会语境反思的关键。他援引康考迪亚大学学者吉拉贝尔(Pablo Gilabert)的话,"理性是面对不公正时持续的抵抗、恢复力和主动性的源泉。只要他们的理性能力本身没有被消灭,人类就可以质疑和拒绝不公正的命令,想象和追求公正的命令"[3]。弗斯特解释说:"根据康德关于道德自主性的观点,不同于偶然性

---

[1] Allen A. *The End of Progress: Decolonizing the Normative Foundations of Critical Theory*, New York: Columbia University Press, 2017:89.

[2] Sangiovanni A. *Scottish Constructivism and The Right to Justification*, in *Justice, Democracy and the Right to Justification: Rainer Forst in Dialogue*, ed. Rainer Forst, London: Bloomsbury Academic, 2014:29-64.

[3] Gilabert P. *A Broad Definition of Agential Power*, Journal of Political Power, 2018,11(1):79-92.

的人类情感,道德只能建立在理性基础之上,在正义的证成关系中理性发挥着重要作用。这种正义理论绝不是'准超验'的人类学或者社会本体论,而是在人们的'证成权利'中发展一种合理证成原则。这种政治社会的正义观念意味着我们是一个具有履行实践理性能力的人。因为人们需要理性,更需要能够使用理性去洞察这一切。弗斯特认为这并不是一种单纯的理性抽象行为,而是一种对合理理性的认知。'解放'的旨趣就是人类对自由的理性渴望,这种渴望的原因就是主体的尊严和权威遭到了侵犯,人们对不合理的侮辱感受深刻,而无视理性尊严是最大的侮辱。"[1]这种理性尊严观念不仅是正义哲学的基础,更是我们理解自我尊严的基础。因此,在弗斯特的意义上,理性是一种批判和颠覆性的力量,这种批判性反映了双重意图:一方面,在统治权力封闭证成空间后,它是一种主体所产生的自我反思与反抗,因为除了理性本身,没有人能够完成批判理性的任务;另一方面,理性是对实践中内在证成性的哲学重构,同时又是对证成性逻辑的超越。

从辩论的双方来看,本书认为,弗斯特确实对理性存在过分的依赖,具有局限性。不可否认,弗斯特的正义批判理论从实践理性的角度出发,证成的理性实践可以被理解为一种基本的社会实践,它处于不同历史文化的背景中,有着不同的语言规范性表达,具有揭露传统规范性话语的内在潜质。尽管弗斯特试图向我们说明,他对理性的描述为人们的道德行为提供了足够的理论与实践基础,但是,我们的社会世界并不是由理性的洞察力独立支配的。我们承认,一方面,理性的实践能力确实是负责任的道德行为主体的一种重要能力;另一方面,情感诸多因素必须要依赖实践理性的基础作用才能发挥效用,也就是说,道德情感必须通过理性基础的过滤才可以发挥效率。但作为道德人,我们都是有理性领域的平等权威,人们不可能永远处于绝对的理性之中,人们的生活必须依靠我们的理性以及情感等诸多因素来共同维护,并共同创造我们的政治社会生活。因此,我们既要肯定实践理性所赋予的标准与准则的基础地位,又不能绝对化地认为实践理性就是解决

---

[1] Forst R. *Justification and Critique: Towards a Critical Theory of Politics*, trans Ciaran Cronin, Cambridge: Polity Press, 2013: 126.

正义问题的唯一条件。只有在以理性为基础的多元化正义理论的发展中，我们才能做出正确与科学的决定。

二、权力关系局限性的分析

埃米·艾伦在她的著作中，对弗斯特的正义批判理论提出了两个进一步的挑战。首先，艾伦的首要目标是对他的权力正义观进行一种内部批判，质疑弗斯特的框架是否确实成功地将重要的事放在首位，即公正地对待权力问题。艾伦认为，证成的力量既是弱者的武器，又是强者的工具，即强者使自己的支配地位合理化的手段。艾伦对弗斯特这一权力观点进行了批判，艾伦认为，"弗斯特并没有充分注意到实践理性本身能够为不公正的支配关系服务，而这就为这种不公正的权力提供便利"[①]。艾伦解释说，这种观点尤其存在于许多女权主义者、同性恋者、批判种族和后殖民理论家提出的理性批判中。这些观点指出，我们的实践理性概念是以强化支配和从属关系为前提的，也即是说，如果在我们建构主义的程序中，那些被建立起的规范价值观存在某些意识形态上的扭曲，我们该怎么办？这种以规范性为基础的政治的证成叙述能帮助我们诊断这种扭曲吗？她认为这种方法导致弗斯特对权力关系的分析完全是不彻底的。从某种程度上说，这种权力的分析更可能是一种新的殖民主义。

作为回应，弗斯特否认艾伦把他的权力关系理念看成是意识形态的、压迫性的或父权制的，同时，弗斯特完全否认艾伦的论断，即实践理性是一种支配工具。他认为，艾伦完全忽视了其权力关系中的辩证思考。当前世界确实充斥着许多排外的、片面的、种族主义的、家长式的不公正观念，它们都试图掩盖不公正的事实，将其统治和压迫合法化。但弗斯特认为这是不可避免的，他强调，"我们唯一能做的就是，我们需要批判性地反思我们自己的合理观念的盲点，当然，我们只能诉诸除了始终不完美但又可以无限改进的

---

① Allen A. *The Power of Justification*, in *Justice, Democracy and the Right to Justification: Rainer Forst in Dialogue*, London: Bloomsbury Academic, 2014: 55.

有限的理性"①。"权力的有限形式并不是完美的,但这并不意味着我们还有其他方法来克服它的具体化和有限形式"②。可以肯定的是,这种权力关系的批判性探索总是像康德的观点那样不断地将其批评指向自身。

通过两方关于权力关系的论辩,本书完全同意弗斯特所解释的权力关系中批判的辩证思考方式。但是本书认为,对于艾伦的质疑,弗斯特没有做出详实的解答。对于"我们如何确保我们的批判标准不受其他形式的意识形态和统治的影响"这个问题,弗斯特在他的理论中设置了两个标准,普遍性与相互性。相应地,他的证成权力观念可以表述为:在普遍性层面上,规范的合法性理由必须得到所有人的接受与认可,每个人都不能排除在证成共同体之外;在相互性层面上,主体间不能在拒绝他人主张的同时提出任何类似的主张,也不能强迫他人与自己的观点、评价、信念、兴趣或需求相一致。③ 也就是说,在主体间证成的过程中,只要大家没有普遍地相互地拒绝某种规范,这种规范就具有正当性。本书认为,这个最低的标准仅限于证明某些规范性是不可接受的。这种不可接受的标准最终把"证成权利"当作最低标准。然而,这就有可能产生另一种问题,即如何避免这种否决权沦为任意滥用的权利。因此,从某种程度上说,弗斯特的话语伦理最终也面临着与罗尔斯和哈贝马斯一样的问题。他描述了一个话语参与的协议,规定了进行自由、开放、包容话语的必要的最低条件,但它没有概述使这种讨论围绕正义和不公正问题展开的充分条件。另外,这种不充分的条件也反应在弗斯特将不公正与任意性联系在一起的问题上。他写道:"反抗不公正的根本动力是想要不再受压迫。压迫的核心意义在于我们从根本上反对任意统治以及特权的结构。"④但正如我们所见,对任意性的指责可以很容易地颠覆过

---

① Forst R. *The Right to Justification: Elements of a Constructivist Theory of Justice*, New York: Columbia University Press, 2012:11.
② Forst R. *The Right to Justification: Elements of a Constructivist Theory of Justice*, New York: Columbia University Press, 2012:11.
③ Forst R. *The Right to Justification: Elements of a Constructivist Theory of Justice*, New York: Columbia University Press, 2012:49.
④ Forst R. *The Right to Justification: Elements of a Constructivist Theory of Justice*, New York: Columbia University Press, 2012:2.

来。我们怎么知道那些自称受压迫的人是否最终会任意地滥用他们的否决权呢？本书认为，对任意性的批判，最多能告诉我们一些关于非正当推论的重要信息，即对理性空间的非正义的解释。那么，关于权力关系的讨论，一方面揭示了西方学术界对于人们致力于社会正义与解放的实践斗争依旧在路上，另一方面如艾伦所说，从某种角度来说，弗斯特的权利观念基于自身的理论资源仍然具有被资本主义支配和统治的危险。

三、对普遍性的诘难与讨论

莎拉·克拉克·米勒(Sarah Clark Miller)认为，弗斯特跨国正义面临着一些严重的问题，因为它未能清楚地阐明这种政治社会框架是否能够在每一种不同的跨民族主义多元要求之间取得适当的平衡。[①] 他认为，弗斯特跨国主义的民族正义观采用了过于零碎的方法，这导致了特别尖锐的问题，例如，跨民族主义允许多元语境和相对应的正义原则。从某种程度上说，弗斯特跨国主义的普遍性是内在的、局部的。米勒进一步说，如果批判的规范基础来自于某种特定跨国主义或者跨民族主义的权力结构，那么它就不是普遍的，更重要的是，它也不会提供一个坚如磐石的规范基础。那么，如果批判地接受了这些内在的基础，它就失去了基本的道德权威，进入了相对主义的真正危险之中。米勒在挑战普遍性话语可能性的同时，认为弗斯特的这种方法既是相对主义的，又太过于理想化。米勒指出，在全球性别不公问题上，女权主义理论家们长期致力于解决的一个问题，即"适应性偏好"[②]的问题。这个问题涉及不是主体间的证成性，而是主体内的证成性。米勒指出了适应性偏好问题的严重性："如果一个人已经接受压迫自己的形式，并未作出反抗或采取行动，那么他(她)们从压迫中解放出来可能会更加困难，例如性暴力的受害者，他们有时甚至感到他们更适应了自己受到压迫的情况。

[①] Miller S C. *A Feminist Engagement with Forst's Transnational Justice*, in *Justification and Emancipation: The Critical Theory of Rainer Forst*, ed. Amy Allen & Eduardo Mendieta, State College, PA: The Pennsylvania State University Press, 2019:126-127.

[②] Miller S C. *A Feminist Engagement with Forst's Transnational Justice*, in *Justification and Emancipation: The Critical Theory of Rainer Forst*, ed. Amy Allen & Eduardo Mendieta, State College, PA: The Pennsylvania State University Press, 2019:127.

可以说,他们在自己的剥削与压迫中成为了这种不公正现象的同谋,从而助长了更进一步的剥削与压迫。"①米勒质疑弗斯特的证成权利的普遍性,认为弗斯特的理论无法解决这类问题。因为在这种情况下,那些拒绝或丧失获得正当理由的基本权利的人,实际上是在寻求与解放背道而驰的道路。

作为回应,弗斯特承认米勒的女性主义在理解性别不公正和压迫问题上的特殊性,也正因为如此,弗斯特认为,米勒对自己的跨国正义的普遍性的指责完全是不成立的。弗斯特认为,他所说的跨国正义的普遍性完全是语境性的普遍主义,"正当"优先于"善"也要根据具体语境情况具体把握。适应性偏好是疏离的一种形式。在对"适应性偏好"进行分析的时候,我们需要一个情境性的诊断。弗斯特认为,其实对于米勒的质疑,弗斯特已经在他的文章中通过对异化的分析做出了回答。弗斯特强调,异化(Alienation)(德语 Entfremdung)应理解为个体与社会他律的一种特殊形式,只有通过个体与集体自主的结合才能克服异化,恢复规范性的道义感。如果我们用康德的术语来思考异化,异化的主要根源是失去了一种与所有其他人平等的理性规范权威的自我意识,或者说,在极端情况下对自己地位的否定。弗斯特认为,第一种异化称之为"一阶本体异化",它意味着人们否定他人作为规范权威的平等地位,在这样的社会语境中,彼此之间没有适当的相互认知和承认;第二种异化称之为"二阶本体异化",它意味着主体不认为自己是平等的规范权威或"自我目的"主体。② 从本质上来说,异化侵犯了人类作为道德和政治立法者的尊严,卢梭、康德和马克思认为这种尊严是不可剥夺的:它可以被否认或侵犯,但不能丧失。如果不了解"本体权力"的复杂现象,我们就无法分析异化关系,这些权力复杂关系正在为异化关系辩护,并借助于意识形态辩护的叙事③,这些叙事掩盖了不对称和统治结构的存在。这就是为

---

① Miller S C. *A Feminist Engagement with Forst's Transnational Justice*, in *Justification and Emancipation: The Critical Theory of Rainer Forst*, ed. Amy Allen & Eduardo Mendieta, State College, PA: The Pennsylvania State University Press, 2019:128.

② Forst R. *Noumenal Alienation: Rousseau, Kant and Marx on the Dialectics of Self-Determination*, Kantian Review, 2017,22(4): 523-551.

③ Forst R. *Normativity and Power: Analyzing Social Orders of Justification*, New York Oxford University Press, 2017:65.

什么争取解放的斗争主要是在"本体权力"层面上进行。不克服一阶和二阶异化,即不改变对自己和他人的认识,就不可能有克服异化的社会变革。"认知"解放和"实践"解放之间存在着复杂的选择性关系,而这种解放的斗争必须考虑到阶级、性别和种族的复杂性与交互性,正如卢梭、康德和马克思所看到的那样,没有对自己和自己尊严的道德理解,任何解放进程都不可能走上正轨。这就是为什么争取"本体权力"是必要的,其目的是认识它的不公正性,从而纠正,彻底纠正这种不公正性。

通过米勒对普遍性的诘难以及弗斯特的回应,本书认为,弗斯特的正义批判理论旨在建立一种情景性的普遍主义,这种普遍主义可以摆脱国家内部与国家之间的约束,在跨国主义的基础上发展文化中立与文化的多元,并以此作为正义秩序规范性的评定标准以及规范行为的判定准则。事实上,弗斯特康德式的普遍主义更加强调倾听那些沉默之人的声音,维护那些被社会压迫以及被边缘化之人的尊严。就此而言,本书认为,学者们未能领会弗斯特情境普遍主义的真正含义,模糊不清地把情境主义与普遍主义混淆在一起,才使得自己不可避免地陷入了怀疑与诘难中。当然,虽然学者们未能清晰地理解弗斯特理论的实质,但是,同样令人遗憾的是,弗斯特从来没有深入探讨其跨国正义理论的实际执行问题。虽然他的正义理论既是实质性的,即最终以证成的道德权利为基础;又是程序性的,因为正义的正当规范是通过民主程序来规定的。但是,现实的跨国语境与理论的跨国主义语境不能相提并论,两者之间在理论和实践层面必然会有一定的落差。目前,弗斯特的跨国正义的语境普遍主义还处于理论的建构过程中,如何把他的正义普遍性的理想付诸于制度化或体现在社会公共文化中,仍是我们值得继续思考的问题。

结　　语

　　根据上述的讨论,本书认为,弗斯特的正义批判理论存在一定的局限性,但是,他的正义批判理论不仅在深刻剖析个人权利理论、权利与社会关系以及权利与跨国正义关系上具有重要的启发意义,而且在探讨理性重建权利的证成性基础、普遍性上,在洞察人权观念在多元化时代的发展趋势上也具有重要的参考价值和借鉴意义。政治社会的发展是主体间证成关系的确立与完善的过程,在这　过程中,主体的理由或主张,也必须获得所有主体的普遍认可与接受,最终才能被赋予普遍与相互的规范性内涵。由此可见,弗斯特的正义理论克服并超越了传统正义规范性的理论范式,将社会正义的规范性原则与政治社会的现实语境相结合,重新界定了正义规范的道德基础,并重新建构起正义规范秩序的政治实践基础。

　　从"证成权利"的道德规范基础的确证、政治话语权的建构到跨国正义规范秩序的重构,我们可以看到弗斯特"正义的证成"观念本身所缊含的"证成权利"所给予我们的力量。在传统形而上学的普遍性遭到瓦解的背景下,面对现代世界的多元发展,一个不可否认的事实就是:已经不存在任何实质性的价值共识。但是,这并不意味着理性的同一性在多重声音中不能得到理解。弗斯特强调,只有在主体间相互尊重、自主与平等的证成关系中,才能建构起统一的正义规范秩序,世界多元发展所依据的理性共识必须在承认多元差异的情况下才能最终达成共识。这种情境的普遍主义不仅可以确保主体间的自主与平等的"证成权利",而且可以确保他们能以一种尊重他人的话语权力的方式冲破"同一"与"多元"的对峙状态,最终实现一种正义的规范秩序。

　　当然,我们也要看到正义的限度。在一个社会和政治秩序的结构中,把正义的意义降级为一种"价值"的意义是错误的；但是，让正义成为绝对的东西也同样有问题。因为这种正义观念可能意味着正义以一种不充分的自我批判和反思的方式出现，或者以一种不考虑个人的主体和差异的僵化的形式，出现在对社会制度或个人态度的判断上。若是这样，这种现象本身就是一种不公正，例如，遭受剥削和遭受自然灾害的人们都需要帮助，但对受自然灾害之人的帮助是道德援助行为，而对遭受剥削和压迫之人进行的援助，其实就是正义的行为。如果我们忽视了这些根本的差别，那么当代全球语境下贫苦的人们需要正义的时候，往往就会以物质资源慷慨救助的方式来掩盖人们对正义的探讨和不公正的谴责。

此外，我们必须明确，正义并不涵盖整个规范世界，它只适用于特定的规范性环境。所以，任何正义理论都不可能一劳永逸地解决社会的所有规范性的问题，弗斯特的理论也不例外。尽管如此，弗斯特的正义批判理论依然使我们相信，在追求多元世界发展的过程中我们始终应该重视那些捍卫正义优先权所产生的"证成权利"，这是一种全世界人民追求尊严与解放的力量，它是捍卫美好生活的坚固栏杆。正义的观念要想获得实现，就必须不断地对其理论本身进行实践反思与批判，并且始终将所有人的话语置于商讨和谈判之中。弗斯特正义批判理论给予所有个人以平等话语的"证成权利"，在"正义的证成"中最终实现世界人民的自由与解放。那些遭受剥削与压迫的人们不能没有反抗的声音和说话的权利，他们的要求必须是可被听见的，因为这是正义的真正基础。

主要参考资料

中文著作

《马克思恩格斯选集》第 1 卷,人民出版社 1972 年版。

陈波:《过去 50 年最重要的西方哲学著作》,北京大学出版社 2003 年版。

丛占修:《确证正义:罗尔斯政治哲学方法与基础研究》,人民出版社 2011 年版。

顾肃:《自由主义基本理念》,译林出版社 2013 年版。

何怀宏:《公平的正义》,山东人民出版社 2002 年版。

刘擎:《权威的理由:中西政治思想与正当性观念》,新星出版社 2008 年版。

刘钢:《真理的话语理论基础》,人民出版社 2015 年版。

强以华:《西方哲学普遍性的沦落》,中国人民大学出版社 2018 年版。

谭安奎:《公共埋性与民主理想》,生活·读书·新知三联书店 2015 年版。

童世骏:《批判与实践》,生活·读书·新知三联书店 2007 年版。

童世骏:《论规则》,上海人民出版社 2015 年版。

许纪霖、刘擎、陈赟等:《政治正当性的古今中西对话》,漓江出版社 2013 年版。

徐向东:《自由主义、社会契约与政治辩护》,北京大学出版社 2005 年版。

应奇:《当代政治哲学名著导读》,江苏人民出版社 2010 年版。

周保松:《自由平等人的政治》,生活·读书·新知三联书店 2017 年版。

周濂:《现代政治的正当性基础》,生活·读书·新知三联书店2008年版。

[美]拉莫尔著,刘擎、应奇译:《现代性的教训》,东方出版社2010年版。

[美]科尔斯戈德著,杨顺利译:《规范性的来源》,上海译文出版社2010年版。

[美]内格尔著,谭安奎译:《平等与偏倚性》,商务印书馆2016年版。

[美]桑德尔著,万俊人等译:《自由主义与正义的局限》,译林出版社2001年版。

[美]怀特著,马丽莉、马云、孙晶姝译:《叙事的虚构性》,南京大学出版社2019年版。

[美]罗尔斯著,陈肖生译:《万民法》,吉林出版集团2013年版。

[德]霍耐特著,王旭译:《自由的权利》,社会科学文献出版社2013年版。

[德]霍耐特,胡继华译:《为承认而斗争》,上海人民出版社2005年版。

[美]阿伦特著,陈联营译:《责任与判断》,上海人民出版社2011年版。

[德]哈贝马斯著,沈清楷译:《对话伦理学与真理的问题》,中国人民大学出版社2005年版。

[德]哈贝马斯著,张博树译:《交往与社会进化》重庆出版社1989年版。

[德]哈贝马斯著,童世骏译:《在事实与规范之间——关于法律和民主法治国的商谈理论》,生活·读书·新知三联书店2011年版。

[德]哈贝马斯著,曹卫东译:《包容他者》,上海人民出版社2018年版。

[德]康德著,孙少伟译:《道德形而上学基础》,中国社会科学出版社2009年版。

[德]康德著,邓晓芒译,杨祖陶校:《实践理性批判》,人民出版社2003年版。

[德]胡塞尔著,李幼蒸译:《纯粹现象学通论》,商务印书馆1992年版。

[德]韦伯:《经济与社会》(下),商务印书馆1997年版。

［德］韦伯著,胡景北译:《社会学的基本概念》,上海人民出版社2020年版。

［匈］卢卡奇著,杜章智、任立、燕宏远译:《历史与阶级意识》,商务印书馆1999年版。

［法］卢梭著,何兆武译:《社会契约论》,商务印书馆1999年版。

［加］金里卡著,刘莘译:《当代政治哲学》,生活·读书·新知三联书店2003年版。

［英］拉兹著,葛四友译:《公共领域中的伦理学》,江苏人民出版社2013年版。

英文著作

Allen A. *The End of Progress*: *Decolonizing the Normative Foundations of Critical Theory*, New York: Columbia University Press, 2017.

Allen A & Mendieta E. *Justification and Emancipation*: *The Critical Theory of Rainer Forst*, State College, PA: The Pennsylvania State University Press, 2019.

Honneth A. *Pathologies of Reason*: *On the Legacy of Critical Theory*, trans. J. Ingram, New York: Columbia University Press, 2009.

MacIntyre A. *After Virtue*: *A Study in Moral Theory*, Notre Dame: University of Notre Dame Press, 2007.

Tugendhat E. *Vorlesungen über ethik*, Frankfurt am Main: Suhrkamp, 1993.

Tugendhat E. *Traditional and Analytical Philosophy*: *Lectures on the Philosophy of Language*, trans. P. A. Gorner, Cambridge: Cambridge University Press, 1982.

Frankfurt H. *Necessity*, *Volition and Love*, Cambridge: Cambridge University Press, 1999.

Young I M. *Justice and the Politics of difference*, Princeton, NJ: Princeton University Press, 1990.

Mackie J L. *Ethics*: *Inventing Right and Wrong*, London: Penguin Books, 1990.

Rawls J. *Political liberalism*, London: Columbia University Press, 1993.

Culp J. *Global Justice and Development*, London: Palgrave Macmillan, 2014.

Habermas J. *Justification and Application, Remarks on Discourse Ethics*, Cambridge: Polity Press, 1995.

Habermas J. *The Philosophical Discourse of Modernity*, Cambridge, MA: MIT Press, 1985.

Habermas J. *Moral Consciousness and Communicative Action: Studies in Contemporary German Social Thought*, Cambridge, MA: MIT Press, 1992.

Habermas J. *Remarks on Legitimation Through Human Rights in the Post-national Constellation: Political Essays*, Cambridge. MA: MIT Press, 1999.

Griffin J. *On Human Rights*, Oxford: Oxford University Press, 2008.

Baynes K. *The Normative Grounds of Social Criticism: Kant, Rawls and Habermas*, Albany, NY: State University of New York Press, 1992.

Wendy Brown & Rainer Forst. *The Power of Tolerance: A Debate*, New York: Columbia University Press, 2014.

Wittgenstein L. *Philosophical Investigations*, trans. G. E. M. Anscombe, Oxford: Blackwell, 1978.

Ignatieff M. *Human Rights as Politics and Idolatry*, Princeton, NJ: Princeton University Press, 2001.

Nussbaum M. C. *Frontiers of Justice: Disability, Nationality, Species Membership*, Cambridge, MA: Harvard University Press, 2006.

Foucault M. *Discipline Punish: The Birth of the Prison*, New York: Pantheon, 1978.

Fraser N. *Scales of Justice*, New York: Columbia University Press, 2009.

Höffe O. *Democracy in an Age of Globalisation*, trans. Dirk Haubrich and Michael Ludwig, Dordrecht: Springer, 2007.

Singer P. *One World: The Ethics of Globalization*, New Haven: Yale University Press, 2002.

Forst R. *Contexts of Justice: Political Philosophy beyond Liberalism and Com-

munitarianism, trans. John M. M. Farrell, Barkeley: University of California Press, 2002.

Forst R. *Normativity and Power: Analyzing Social Orders of Justification*, New York: Oxford University Press, 2017.

Forst R. *The Right to Justification: Elements of a Constructivist Theory of Justice*, trans. Jeffrey Flynn, New York: Columbia University Press, 2012.

Forst R. *Justification and Critique: Towards a Critical Theory of Politics*, trans. Ciaran Cronin, Cambridge: Polity Press, 2013.

Forst R. Justice, *Democracy and the Right to Justification: Rainer Forst in Dialogue*, London: Bloomsbury Academic, 2014.

Forst R. *Toleration in Conflict: Past and Present*, trans. Ciaran Cronin, New York: Cambridge University Press, 2013.

Forst R. *Zwei Bilder der Gerechtigkeit*, in Sozialphilosophie und Kritik, Frankfurt/Main: Suhrkamp, 2009.

Benhabib S. *Situating the Self*, Cambridge: Polity Press, 1992.

Kierkegaard S. *Either/Or: A Fragment of Life*, London: Penguin Classics, 1992.

Benhabib S. *Critique, Norm and Utopia*, New York: Columbia University Press, 1986.

Scanlon T. *What We Owe to Each Other*, Cambridge, MA: Harvard University Press, 1998.

Scanlon T. *Contractarianism and utilitarianism*, Cambridge: Cambridge University Press, 1982.

Paine T. *Rights of Man, Common Sense, and Other Political Writings*, Oxford: Oxford University Press, 2008.

Pogge T. *Global Justice*, Oxford: Blackwell, 2001.

中文论文

包利民:《重建公共伦理规范基础的不同途径——论罗尔斯与哈贝马斯

之争》,《浙江学刊》2000年第6期。

曹卫东:《法兰克福学派研究近况》,《哲学动态》2011年第1期。

冯润、何俊芳:《试论西方国家的"宽容"与少数群体权利》,《中南民族大学学报(人文社会科学版)》2013年第4期。

韩水法:《什么是政治哲学》,《中共中央党校学报》2009年第1期。

[德]艾纳·佛斯特、克劳斯·君特著.邓安庆、杨丽译:《规范秩序的形成——跨学科研究纲领之理念》,《伦理学术》2017年第1期。

蒋颖:《正义、权力与辩护——莱纳·弗斯特正义理论核心问题研究》,《哲学动态》2020年第1期。

蒋颖:《莱纳·弗斯特规范的宽容理论研究》,《学习与探索》2018年第8期。

靳志强、王四达:《弗雷泽与福斯特:正义的哲学基础之争》,《华中科技大学学报(社会科学版)》2013年第3期。

刘静:《有道德的权利尊严如何可能——以道德为基础的康德尊严理论》,《道德与文明》2015年第2期。

刘曙辉:《论莱纳·福斯特作为辩护的正义思想》,《哲学研究》2016年第5期。

马庆:《西方马克思主义批判理论近期研究动向分析》,《毛泽东邓小平理论研究》2015年第7期。

马庆:《正义的不同情境及其证成——论莱纳·弗斯特的政治哲学》,《哲学分析》2016年第2期。

强以华、王娟娟:《作为道德范畴的"爱"》,《湖北大学学报(哲学社会科学版)》2020年第4期。

朱彦瑾:《主体间性与规范的正当性——从哈贝马斯到弗斯特》,《贵州社会科学》2018年第12期。

张清:《理性多元论与宽容》,《湖北大学学报(哲学社会科学版)》2010年第4期。

英文论文

Amy Allen, Rainer Forst & Mark Haugaard. *Power and Reason, Justice and Domination: a Conversation*, Journal of Political Power, 2014, 7(1): 7-33.

Simmons A J. *Justification and legitimacy*, Ethics, 1999, 109(4): 739-771.

Honneth A. *Redistribution as Recognition: A Response to Nancy Fraser*, in *Redistribution or Recognition? A Political-Philosophical Exchange*, New York: Verso, 2003: 374-382.

Honneth A. *A Social Pathology of Reason: On the Intellectual Legacy of Critical Theory*, in *Pathologies of Reason: On the Legacy of Critical Theory*, trans. J. Ingram, New York: Columbia University Press, 2009: 336-360.

Buchanan A. *The Egalitarianism of Human Rights*, Ethics, 2010, 120(4): 679-710.

Krebs A. *Die neue Egalitarismuskritik im Uberblick*, in *Gleichheit oder Gerechtigkeit: Texte der neuen Egalitarismuskritik*, Frankfurt am Main: Suhrkamp Verlag, 2000: 34-73.

Shamash D M. *The Narrative Fallacy*, International Commentary on Evidence, 2005, 3(1): 31-37.

MacCallum G. *Negative and Positive Freedom*, in *Liberty*, Oxford: Oxford University Press, 1991: 312-334.

Frankfurt H. *Freedom of the Will and the Concept of a Person*, in *The Inner Citadel: Essays on Individual Autonomy*, Oxford: Oxford University Press, 1989: 11-25.

Arendt H. *Social Science Techniques and the Study of Comcentration Camps*, in *Essays in Understanding*, New York: Harcourt Brace, 1993: 49-64.

Kant I. *Zum evigen Frieden: Ein philosophischer Entwurf*, in *Kants Werke: Akademie-Textausgabe*, Berlin: De Gruyter, 1968: 24-38.

Young I. M. *Responsibility and Global Labor Justice*, Journal of Political Philosophy, 2004, 12(4): 365-388.

Rawls J. *Political Liberalism: Reply to Habermas*, Journal of Philosophy,

1995, 92(3):58-103.

Rawls J. *The Basic Liberties and Their Priority*, in *Tanner Lectures on Human*, Salt Lake City: University of Utah Press, 1982:32-47.

Flynn J. *On the Nature and Status of the Right to Justification*, Political Theory, 2015, 43(6):101-131.

Davenport J. *The Meaning of Kierkegaard's Choice between the Aesthetic and the Ethical: A Response to MacIntyre*, in *Kierkegaard after MacIntyre: Essays on Freedom, Narrative, and Virtue*, Chicago: Open Court, 2001: 21-32.

Cohen J. *Minimalism about Human Rights*, Journal of Political Philosophy, 2004, 12(2):190-213.

Habermas J. *Recognition Through the Public Use of Reason: Remarks on John Rawls's Political Liberalism*, The Journal of Philosophy, 1995, 92(3): 109-131.

Kettner M. *The Forstian Bargain*, Journal of Political Power, 2018, 11(2):139-150.

Matravers M. *Reviewed Work: Contexts of Justice: Political Philosophy beyond Liberalism and Communitarianism by Rainer Forst and John Farrell*, Mind, 2004, 113(451):539-541.

Frumer N. *Two Pictures of Injustice: Rainer Forst and the Aporia of Discursive Deontology*, Constellations, 2018, 25(3):432-445.

Sensen O. *Kant on Human Dignity reconsidered*, Kant-Studien, 2015, 106(1):107-129.

Gilabert P. *A Broad Definition of Agential Power*, Journal of Political Power, 2018,11 (1):79-92.

Forst R. *The Right to Justification: Moral and Political, Transcendental and Historical. Reply to Seyla Benhabib, Jeffrey Flynn and Matthias Fritsch*, Political Theory, 2015, 43(6):882-837.

Forst R. *Towards a Critical Theory of Transnational Justice*, Metaphilosophy, 2001,32(2):160-179.

Forst R. *The Justification of Basic Rights. A Discourse-theorethical Approach*, Netherlands Journal of Legal Philosophy, 2016, 45(3):3-6.

Forst R. *Situations of the Self: Reflections on Seyla Benhabib's Version of Critical Theory*, Philosophy & Social Criticism, 1997, 23(5):79-96.

Forst R. *The Justification of Human Rights and the Basic Right to Justification: A Reflexive Approach*, Ethics, 2010, 120(4):81-106.

Forst R. *Noumenal Power*, Journal of Political Philosophy, 2015, 23(2):111-127.

Forst R. *Noumenal Alienation: Rousseau, Kant and Marx on the Dialectics of Self-Determination*, Kantian Review, 2017, 22(4):523-551.

Forst R. *Noumenal Power Revisited: Reply to Critics*, Journal of Political Power, 2018, 11(3):1-24.

Forst R. *What Does It Mean to Justify Basic Rights: Reply to Duwell, Newey, Rummens and Valentini*, Netherlands Journal of Legal Philosophy, 2016, 45(3):76-90.

Forst R. *A Critical Theory of Politics: Grounds, Method, and Aims. Reply to Simone Chambers, Stephen White and Lea Ypi*, Philosophy and Social Criticism, 2015, 41(3):225-234.

Forst R. *Justice and Democracy: Comment on Jurgen Neyer, in Political Legitimacy and Democracy in Transnational Perspective*, Blindern:ARENA Report Series, 2011:12-18.

Forst R. *First Things First: Redistribution, Recognition and Justification*, European Journal of Political Theory, 2007, 6(3):291-304.

Forst R. *Justice and Democracy in Transnational Contexts: A Critical Realistic View*, Social Research, 2014, 81(3):667-682.

Forst R. *The Grounds of Critique*, in On the Concept of Human Dignity in Social Orders of Justification, Philosophy and Social Criticism, 2011, 37(9):965-976.

Garner R. *On the Genuine Queerness of Moral Properties and Facts*, Australasian Journal of Philosophy, 1990, 68(2): 137-146.

Dahl R A. *The Concept of Power*, Behavioral Science, 1957, 2(3): 201-215.

Reath A and Sullivan R. *Immanuel Kant's Moral Theory*, Philosophical Review, 1992, 101(4)867-870.

Lukes S. *Noumenal power: Concept and Explanation*, Journal of Political Power, 201,11(3):294-321.

White S. *Does Critical Theory Need Strong Foundations*, Philosophy and Social Criticism, 2015, 41(3):207-211.

Benhabib S. *The Uses and Abuses of Kantian Rigorism*, in Rainer Forst's *Moral and Political Philosophy*, Political Theory, 2015, 43(6):777-837.

Pogge T. *Priorities of Global Justice*, Metaphilosophy, 2001, 32(2):6-24.

Nagel T. *The Problem of Global Justice*, Philosophy and Public Affairs, 2005, 33(2):113-147.

Narayan U. *Contesting Cultures: Westernization, Respect for Cultures, and the Third-world Feminists*, in *The Second Wave: A Reader in Feminist Theory*, ed. Linda Nicholson, New York: Routledge, 1997:396-414.

Kersting W. *Kritik der Gleichheit: Uber die Grenzen der Gerechtigkeit und der*, Moral Weilerswist: Velbrück, 2002:300-341.

Zhuoyao Li. *The Public Conception of Morality in John Rawls' Political Liberalism*, Ethics & Global Politics, 2016, 9(1):148-164.

后　　记

本书是在笔者的博士论文的基础上修改而成,本书的顺利出版离不开师长、亲人和众多朋友的关心和帮助。

首先感恩恩师强以华教授。笔者求学期间和工作后,强老师给予其极大的关心、帮助和鼓励。论文的写作过程从选题、开题、谋篇布局到修改定稿都是在强老师的辛勤指导与帮助下完成的。强老师对笔者论文初稿的修改令笔者至今感激不已,强老师不仅仔细修改了文中的句读标点、词语句式,而且还在一些论述旁边添加详细的批注,娓娓道来、切中肯綮,帮笔者在模糊的地方厘清思路。强老师也非常关心笔者博士论文的出版情况,并且慨然作序,这让笔者非常感动。

论文的写作过程也得到了湖北大学哲学学院各位老师的指导和帮助,尤其是江畅老师、戴茂堂老师、舒红跃老师、姚才刚老师、陈道德老师、冯军老师、高乐田老师,他们的批评和建议才能使笔者的论义写作得以顺利进行。非常感谢武汉大学汪信砚教授、储昭华教授,中国社会科学院陈德中研究员对论文提出的中肯建议。另外,也感谢美国波士顿学院哲学系的亚瑟·麦迪根教授(Arthur Madigan),在 2018—2019 年访学期间,作为外籍导师的麦迪根教授无论在生活还是学习方面都给予笔者极大的支持和帮助。

感谢河南农业大学马克思主义学院的各位领导和同仁,尤其是马菲书记、陈娱院长、赵民学副院长、曹广伟副院长等领导的帮助和支持。同时也感谢教研室的各位老师在学术和工作中的帮助。

感谢笔者的父母和家人,正是他们的关心和支持才使笔者静心读书与写作。

本书的顺利出版,离不开河南人民出版社韦金良主任、责任编辑林子老师的辛勤工作,在此表示感谢!

王娟娟

2022年1月